Gustav Meyrink

Des deutschen Spiessers Wunderhorn

Verlag
der
Wissenschaften

Gustav Meyrink

Des deutschen Spiessers Wunderhorn

ISBN/EAN: 9783957006813

Auflage: 1

Erscheinungsjahr: 2016

Erscheinungsort: Norderstedt, Deutschland

Hergestellt in Europa, USA, Kanada, Australien, Japan
Verlag der Wissenschaften in Hansebooks GmbH, Norderstedt

Des deutschen Spießers Wunderhorn

Erster Band

Gustav Meyrink

Des deutschen Spießers Wunderhorn

Gesammelte Novellen

Neuntes bis zwölftes
Tausend

Erster Band

Albert Langen, München

Inhalt des ersten Bandes

	Seite
Das Automobil	7
Das dicke Wasser	14
Der Opal	21
Das Geheimnis des Schlosses Hathaway	27
Das Wildschwein Veronika	33
Izzi Pizzi	42
Die Erstürmung von Serajewo	50
Bal macabre	62
Hony soit qui mal y pense	70
Blamol	76
Der Saturnring	85
Das Gehirn	96
Der Buddha ist meine Zuflucht	102
Die Weisheit des Brahmanen	108
Das Wachsfigurenkabinett	113
Schöpsoglobin	126
Bologneser Tränen	136

Das Automobil

„Sie erinnern sich meiner wohl gar nicht mehr Herr Professor?! Zimt ist mein Name, Tarquinius Zimt; vor wenigen Jahren noch war ich Ihr Schüler in Physik und Mathematik, —"

Der Gelehrte drehte die Visitkarte unschlüssig hin und her und heuchelte verlegen eine Miene des Wiedererkennens.

„— und da ich gerade durch Greifswald komme, wollte ich die Gelegenheit, Ihnen einen Besuch abstatten zu können, nicht versäumen —"

(Einige Minuten verstrichen in peinlichem Stillschweigen.)

„— — ehüm — — — nicht versäumen . . ."

Mißbilligend musterte der Professor den Lederanzug des jungen Mannes. „Sie sind wohl Walfischfänger?" fragte er mit leisem Spott und tippte seinem Besuch auf den Ärmel.

„Nein, Automobilist; ich selbst habe die bekannte Automobilmarke ‚Zimt' — — —"

„Also Schauspieler!" unterbrach ungeduldig der Gelehrte; „aber weshalb haben Sie da früher Physik und Mathematik studiert? Wohl umgesattelt, junger Freund, umgesattelt!? Nun sehen Sie!"

„Aber keineswegs, Herr Professor, keineswegs. Im Gegenteil. Sozusagen im Gegenteil! Ich bin Konstrukteur von Automobilen, — — von Motoren, — von Benzinmotoren, — Ingenieur — —!"

„Ah, Sie stellen die Phantasiebilder für die Kinematographen zusammen, ich verstehe. Aber das kann man doch nicht Ingenieur nennen!"

„Nein, nein, ich baue selber Automobile. Oder Kraftfahrzeuge, wenn Ihnen dieses Wort lieber ist. Wir verkaufen jährlich bereits — — —"

„Ich darf beide Namen, mein lieber Herr Zimt, Automobil und Kraftfahrzeug, nicht gelten lassen, denn weder kann so eine Maschine sich vom Fleck fortbewegen — diese Bedeutung soll doch wohl im Worte Automobil liegen —, noch ist aus demselben Grunde der Ausdruck Fahrzeug zulässig," sagte der Gelehrte.

„Wie meinen Sie das: ‚kann sich nicht vom Fleck fortbewegen'? Vielleicht nur noch zehn Jahre, und wir werden überhaupt kein anderes Landfuhrwerk mehr benützen. Fabrik um Fabrik wächst aus dem Boden, und wenn es auch vielleicht in Greifswald noch kein Automobil gibt, so — — —"

„Sie sind ein Phantast, junger Mann, und verlieren den Boden der Wirklichkeit unter den Füßen! Frönen Sie wohl gar dem Spiritismus? In der Tat wohl das bedauerlichste Zeichen unserer Zeit, immer wieder das Gespenst des Perpetuum mobile unerfreulicherweise sein häßliches Haupt erheben sehen zu müssen. Rein als ob die Lehrsätze der Physik gar nicht existierten. Traurig, fürwahr sehr traurig! Und auch Sie, obschon noch vor wenigen Jahren mein Schüler, konnten den klaren, besonnenen Weg unserer Wissenschaft verleugnen, um den schwülen Fieberphantasien roher, gedankenloser Empirie nachzujagen! Nun ja, mag wohl das heutige Treiben der Großstadt erschlaffend auf die Denkkraft unserer Jugend wirken, aber bis zum krassen Aberglauben, bis zur Wahnidee, man könne mittels Benzinmotoren einen Wagen von der Stelle bewegen, ist denn doch ein gewaltiger Schritt. So sollte man wenigstens glauben!" Und erregt putzte der Gelehrte seine Brillengläser.

Tarquinius Zimt war fassungslos.

„Aber um Gottes willen! Herr Professor! Sie werden doch nicht die Existenz der Motorwagen leugnen wollen. Heute, wo bereits viele Tausende im Verkehr sind! Wo jeder Monat eine Neuerung brachte. Ich selber bin doch mit meinem Automobil, einem fünfzigpferdekräftigen ‚Zimt', den ich selber konstruiert und gebaut habe, von Florenz hierher gefahren! — Wenn Sie einen Blick aus dem Fenster werfen wollen, können Sie es vor dem Haustor stehen sehen. Um Gottes willen! Ich sage nur: um Gottes willen!"

„Junger Freund, omnia mea mecum porto, wie der Lateiner so trefflich sagt. Ich sehe keinen zureichenden Grund, aus dem Fenster zu blicken; und weshalb auch — trage ich doch den alles umfassenden mathematischen Verstand stets in mir. — Dem schwankenden Boden der Sinneswahrnehmung sich anvertrauen? Sagt mir nicht mehr — mehr, als die Sinne je vermögen — die schlichte Formel, die jedes unmündige Schulkind begreift, — gewiß sind Sie ihrer noch aus der Studienzeit froh eingedenk! — die Formel:

$$M = \mu \int p\, d\, F\, y = 2\, \mu\, r^2 l \int_0^{\varphi^0} p\, d\, \varphi^1$$

$$= 2\, \pi\, Pr \frac{\sin \varphi^0}{\varphi^0 + \sin \varphi^0 \cos \varphi^0}$$

und so weiter! Nun sehen Sie!"

„Das hilft nun aber alles nichts," antwortete gereizt der Ingenieur, „denn ich selber bin mit meinem Automobil von Florenz bis Greifswald — bis vor Ihr Haus gefahren!"

„— und wenn selbst die zitierte Formel nicht wäre," fuhr der Gelehrte unbeirrt fort, „deren Ergebnis hinsichtlich des sogenannten zylindrischen Zapfens gewiß das noch günstigst zulässige ist, indem die mit der Verminderung des Umschlingungsbogens der Lagerschale verknüpfte Steigerung der Flächenpressung nicht auf eine Erhöhung von μ hinwirkt und, insoweit sie überhaupt zulässig erscheint, den Aufwand zur Überwindung der Reibung bei $\varphi^0 < \frac{\pi}{2}$ verringert, gäbe es noch eine Reihe wirksamer Einwürfe, deren jeder einzelne die reine Möglichkeit denkbaren Gelingens — —"

„Aber um Gottes willen, Herr Professor, — —"

„Pardon! — — — die reine Möglichkeit denkbaren Gelingens in überaus in die Augen springender

Weise entkräften müßte. Wie könnte es, um laienhaft zu sprechen, beispielsweise in das Bereich mechanischer Möglichkeiten verlegt werden, der durch die schnellaufeinanderfolgenden Benzingasgemischexplosionen in den Zylindern a, b, c, d stets anwachsenden beträchtlichen Erhitzung und hierdurch resultierenden Ausdehnung und wiederum hieraus sich ergebenden Anpressung an die Zylinderwände bis zur Unbeweglichkeit des metallischen Kolbenmaterials anders als durch immerwährende großmengige Zufuhr behufs ausreichender Kühlung stets neu zu beschaffenden Wasserquantitäten, was wiederum angesichts des verkehrten Verhältnisses des Gewichtes zum Krafteffekte des Motors das Resultat des Versuches im negativen Sinne klar zutage treten läßt, vorzubeugen? — Fassen wir ferner — — —"

„Ich bin von Florenz bis Greifswald gefahren —," warf verbissen der andere ein.

„— — fassen wir ferner unter Zugrundelegung der Formel:

$$P = \left(\frac{n}{30}\right)^2 r \left(\cos\varphi \pm \frac{r}{e}\cos 2\varphi\right)\left(G_1 + G_2\right)$$
$$+ \left(\frac{n}{30}\right)^2 r\, G_3 \cos\varphi$$

ins Auge, daß durch Erzitterungen und sonstige der Ruhe des Ganges nachteilige Schwingungen infolge ihrer eigenartigen zur Wachrufung von Massenkräften unliebsame Veranlassung gebende Bewegungen von Maschinenteilen, in diesen, seien sie auch elastisch, fortgesetzt Formveränderungen vor sich gehen müssen, so ergibt sich — — —"

„Ich bin aber dennoch von Florenz bis Greifswald gefahren!"

„— — — Formveränderungen vor sich gehen müssen, so ergibt sich — — — —"

„Ich — bin — aber — von — Florenz bis Greifswald ge—fah—ren!"

Der Gelehrte warf einen verweisenden Blick über seine Brille auf den Sprecher. „Es könnte mich nichts hindern — gestützt auf zwingende mathematische Formeln — meinen Zweifel an Ihren Aussagen mit direkten Worten Ausdruck zu verleihen, doch ziehe ich es vor, nach Art der alten Griechen lieber alles Verletzende zu vermeiden, und will bloß, wie schon Parmenides, hervorheben, daß es dem Weisen nicht zukommt, seinen eigenen Sinnen, geschweige denn denen eines Fremden irgendwelche Beweiskraft einzuräumen."

Tarquinius Zimt dachte einen Augenblick nach, dann griff er in die Tasche und reichte dem Professor schweigend einige Photographien.

Dieser betrachtete sie nur flüchtig und sagte:

„Nun, und Sie glauben, junger Freund, durch derlei Lichtbilder von scheinbar in Fahrt befindlichen Automobilen die Gesetze der Mechanik in Mißkredit bringen zu können!? — Ich erinnere nur der Ähnlichkeit der Fälle wegen an die Abbildungen animistischer Phänomene durch Crookes, Lombroso, Ochorowicz, Mendelejeff! Wie genau versteht man heutzutage solche Photographien durch allerlei Kunstgriffe hinsichtlich des wahren Tatbestandes täuschend zu gestalten. Im übrigen, wußte nicht schon Heraklit, daß nach den Gesetzen der Logik ein abgeschossener Pfeil auf jedem mathematischen Punkte seiner Flugbahn sich in vollkommener Ruhe befindet? Nun, sehen Sie! Und mehr als das — im übertragenen Sinne — können auch im besten Falle Ihre Lichtbilder nicht beweisen."

In den Augen des Ingenieurs glomm eine tückische Freude. „Gewiß werden Sie mir als Ihrem ehemaligen, Sie so sehr bewundernden Schüler, hochgeehrter Herr Professor, die Bitte aber nicht abschlagen," sagte er mit heuchlerischer Miene, „mein vor Ihrem Hause stehendes Automobil wenigstens anzusehen?"

Der Gelehrte nickte gütig, und beide begaben sich auf die Straße.

Eine Menge Menschen umstand den Wagen.

Tarquinius Zimt zwinkerte seinem Chauffeur zu.

„Ignaz! Der Herr Professor möchte unser Automobil besichtigen, zeigen Sie doch mal die Maschine."

Der Mechaniker, in der Meinung, es handle sich um einen Verkauf des Wagens, begann eine Lobeshymne:

„Hundertfünfzig Kilometer können wir mit unserem ‚Zimt' machen, und von Florenz bis her haben wir nicht einen einzigen Defekt gehabt. Wir fahren — —"

„Lassen Sie das nur, guter Mann," wehrte der Professor überlegen lächelnd ab.

Der Chauffeur klappte die Haube des Motors auf, daß die Maschine frei lag, und erklärte die Bestandteile.

„Wie bringen Sie, Herr Professor," fragte Tarquinius Zimt mit verhaltenem Spott, „eigentlich die Tatsache, daß heute von den Fabriken Daimler, Benz, Dürkopp, Opel, Brasier, Panhard, Fiat und so weiter und so weiter Tausende solcher Wagen gebaut werden, mit Ihrer Behauptung, die Maschinen könnten unmöglich funktionieren, in Einklang? Übrigens, Ignaz, lassen Sie den Motor angehen!"

„In Einklang? Junger Freund, ich bin lediglich Fachgelehrter, und so interessant die Lösung dieser Frage einem Psychologen dünken mag, so wenig, ich muß es gestehen, liegt es mir zu wissen am Herzen, aus welchen Gründen wohl diese Fabriken solch anscheinend müßiger Beschäftigung frönen mögen."

Das Schwirren des leerlaufenden Motors unterbrach die Rede des Professors. Die Menschenmenge wich einen Schritt zurück.

Tarquinius Zimt grinste. „Also Sie glauben noch immer nicht, daß der Wagen fahren wird, Herr Professor? Ich brauche nur diesen Hebel anzuziehen, die Kuppelung setzt ein, und das Automobil saust mit hundertfünfzig Kilometer Geschwindigkeit dahin." —

Der Gelehrte lächelte mild. „O, Sie jugendlicher Schwärmer! Nichts dergleichen kann sich ereignen. Unter dem Drucke der Explosion — die Festigkeit der Kuppelung vorausgesetzt — werden vielmehr augenblicklich die Zylinder a, b und d springen. Mutmaßlich bleibt hingegen der Zylinder c unversehrt nach der Formel — nach der Formel — wie lautet sie doch nur! — — nach der Formel — — —"

„— Los," jauchzte Zimt, „los! Fahren sie los, Ignaz!"

Der Chauffeur zog den Hebel an.

Da! — Ein lauter, dreifacher Knall — und die Maschine steht still!

Tumult!

Ignaz springt aus dem Wagen. Lange Untersuchung. Da! die Zylinder eins, zwei und vier sind geborsten! Geborsten in einer Weise, wie niemals Zylinder, und wenn Nitroglyzerin in ihnen gewesen wäre, bersten können.

Mit glanzlosem Blick starrt der Professor ins Weite, seine Lippen bewegen sich murmelnd: „Warten Sie, nach der Formel — — nach der Formel — —"

Zimt faßt ihn am Arm und schüttelt ihn, — er weint fast vor Wut. „Es ist unerhört, unglaublich; seit es ein Automobil gibt, ist so etwas noch nicht vorgekommen. Es ist hirnverbrannt. Zum Verstandverlieren. Ich telegraphiere sofort um Ersatzzylinder. — Das geht so nicht, Sie müssen sich mit eigenen Augen hier überzeugen, Sie müssen!"

Ärgerlich reißt sich der Gelehrte los: „Junger Mann, das geht zu weit, Sie vergessen sich. — Glauben Sie wirklich, ich hätte Zeit übrig, Ihren kindischen Versuchen ein zweitesmal beizuwohnen! Sind Sie denn noch immer nicht überzeugt? Danken Sie lieber Ihrem Schöpfer, daß es nicht ärger ausfiel; Maschinen lassen nicht mit sich spaßen. Nun sehen Sie! —"

Und er eilt ins Haus.

Noch einmal dreht er sich im Tor um, erhebt abweisend den Finger und ruft zürnend zurück:

„Sunt pueri pueri pueri puerilia tractant."

Das dicke Wasser

Im Ruderklub „Elia" herrschte brausender Jubel. Rudi, genannt der Sulzfisch, der zweite „Bug", hatte sich überreden lassen und sein Mitwirken zugesagt. — Nun war der „Achter" komplett. — Gott sei Dank. —

Und Pepi Staudacher, der berühmte Steuermann, hielt eine schwungvolle Rede über das Geheimnis des englischen Schlages und toastierte auf den blauen Donaustrand und den alten Stefansturm (duliö, duliö). Dann schritt er feierlich von einem Ruderer zum andern, jedem das Trainingsehrenwort — vorerst das kleine — abzunehmen.

Was da alles verboten wurde, es war zum Staunen! Staudacher, für den als Steuermann all dies keinerlei Geltung hatte, wußte es auswendig: „Erstens nicht rauchen, zweitens nicht trinken, drittens keinen Kaffee, viertens keinen Pfeffer, fünftens kein Salz, sechstens — — siebentens — — — achtens — — —, und vor allem keine Liebe, — hören Sie, — keine Liebe! — weder praktische noch theoretische — — — —!"

Die anwesenden Klubjungfrauen sanken um einen halben Kopf zusammen, weil sie die Beine ausstrecken mußten, um ihren Freundinnen vis-à-vis bedeutungsvolle Fußtritte unter dem Tisch zu versetzen.

Der schöne Rudi schwellte die Heldenbrust und stieß drei schwere Seufzer aus, die anderen schrien wild nach Bier, der kommenden schrecklichen Tage gedenkend. —

„Eine Stunde noch, meine Herren, heute ausnahmsweise, dann ins Bett, und von morgen an schläft die Mannschaft im Bootshause."

„Mhm," brummte bestätigend der Schlagmann, trank aus und ging. „Ja, ja, der nimmt's ernst," sagten alle bewundernd. —

Spät in der Nacht traf ihn die heimkehrende Mannschaft zwar Arm in Arm mit einer auffallend gekleideten Dame in der Bretzelgasse, aber es konnte ja gerade so gut seine Schwester sein. — Wer kann denn in der Dunkelheit eine anständige Dame von einer Infektioneuse unterscheiden!

* * *

Der „Achter" kam dahergesaust, die Rollsitze schnarchten, die schweren Ruderschläge dröhnten über das grüne, klare Wasser.

„Jetzt kommt der Endspurt, da schauen S', da schauen S'!"

„Eins, zwei, drei, vier, fünf — — — — — — aha — ein vierundvierziger!"

Staudachers Kommandogeheul ertönte: „Achtung, stop. Achter, Sechser: zum Streichen! Einser, Dreier: fort. — Ha—alt!"

Die Mannschaft stieg aus, keuchend, schweißbedeckt. —

„Da schauen S' den Nummer drei, die Pratzen! Wie junge Reisetaschen, was? Überhaupt die Steuerbordseiten is gut beisamm'. — Der beste Mann im Boot ist halt doch Nummer sieben. — Ja, ja unser Siebener. Gelt, Wastl, ha, ha."

„No, und die Haxen von Nummer acht san gar nix, was?"

„Wissen S', wievüll mür heut g'fahren san, Herr von Borgenheld?" wandte sich Sebastian Kurzweil, der zweite Schlagmann an den Vizeobmann, der verständnislos dem Herausheben des vierzehn Meter langen, einem Haifisch gleichenden Achtriemers zusah.

„Dreimal," riet der Vizeobmann.

„Wie vüll, sag' ich," brüllte Kurzweil.

„Fünfmal," stotterte erschreckt Herr von Borgenheld.

„Himmelsakra!" — der Ruderer schüttelte den Arm.

„Er meint: — ‚wie lang'," warf ein Junior ein, der schüchtern dabei stand und einen schmutzigen Fetzen in der Hand hielt.

„Ach so! — Fünf Kilometer!" — — — —

Die Mannschaft machte Miene, sich auf Herrn von Borgenheld zu stürzen. Sie hätten ihn zerrissen, da rief sie eine Serie rätselhafter Kommandos wieder an das Boot: „Mann an Rigger, — aufff — auf mich (prschsch — da lief das Wasser aus dem umgewendeten Boot) — schwen—ken, — fort!" —

Und acht rot-weiß und spärlich bekleidete Gestalten, ohne Strümpfe und mit phantastischem Schuhwerk hantierten an dem Boot herum und schleppten es mit tiefem Ernst in den Schuppen. —

„No, raten Sie jetzt!" und der Steuermann schwenkte eine silberne Taschenuhr an einem roten Strick hin und her. „Also wie viel?" — Der Vizeobmann mochte aber nicht mehr. Staudacher zündete sich eine Virginia an, denn ein echter Steuermann muß gewissenhaft alles tun, was gesundheitsschädlich ist, um leichter zu werden.

„Also raten Sie, Herr Dr. Hecht!"

„Füglich — äh — füglich — soll man die ‚Zeit', geheim halten," näselte dieser fachgewandt und zwinkerte nervös mit den Augenlidern.

„No, dann schauen Sie selbst," sagte Staudacher. Alle beugten sich vor.

„5 Minuten 32 Sekunden," kreischte der Junior und schwenkte den schmutzigen Fetzen über dem Kopf.

„Jawohl 5:32! — Wissen Sie, was das heißt, meine Herren, 5:32 für 2000 Meter, — stehendes Wasser, ich bitte!"

„Fünfi zwoaradreiß'g, fünfi zwoaradreiß'g," brüllte Kurzweil, der jetzt splitternackt auf der Terrasse des Bootshauses stand, wie ein Stier herunter.

Eine wilde Begeisterung ergriff alle Mitglieder. 5:32!! —

Sogar der Obmann Schön machte einen dicken Hals und meinte, daß man selbst seinerzeit in Zürich, im Seeklub, keine bessere Zeit gefahren sei.

„Jawohl 5 : 32! Und kennen Sie auch den Hamburger Rekord im Training?“ fuhr Staudacher fort. — — „6 Minuten 2 Sekunden!! bei Windstille, — — mir hat es ein Freund telegraphiert. — — 6 : 2! — — —! und wissen Sie auch, was 30 Sekunden Differenz sind? 11 Längen, — klare Längen, — jawohl!“

„Sie, Ihre Zeit kann absolut nich stimm',“ wandte sich ein berliner Ruderer, der als Gast zugegen war, an Staudacher, „sehen Se mal, der englische Professionalrekord is 5 : 55, da wären Sie ja um 23 Sekunden besser. Nu, hören Se mal! — Überhaupt die Wiener ‚Zeiten‘ sind verfluchcht verdächtig, — vielleicht jehen Ihre Stopuhren falsch!“

„Schauen S', daß S' weiter kommen, Sö — fünfifünfafufz'g Sö, — setzen S' ös in d'Lotterie dö fünfifünfafufz'g. Haben S' überhaupt an Idee — bereits — — was mür Weana für a Kraft hab'n,' höhnte Kurzweil von der Terrasse, dann hob er die Arme und brüllte, wie weiland Ares im trojanischen Krieg, daß es durch die Erlenwäldchen an den Ufern des Donaukanals gellte.

„Hören Se doch nu endlich mit dem Jebrülle auf — Sie da oben, — oder wollen Se vielleicht 'n dreiständ'jes Buch über planloses Jeschrei herausjeben!“ rief der Berliner ärgerlich.

„Pst, pst — nur keinen Streit,“ besänftigte Staudacher. — „Übrigens, meine Herren, — ich nehme heute schon die Glückwünsche zu unserem künftigen großen Siege in Hamburg entgegen. — Meine Herren, auf diesen Sieg —, meine Herren — hip — hip — — —“

Die harmonischen Töne einer Drehorgel schnitten ihm die Worte ab — einen Augenblick Totenstille, dann rhythmisches Trampeln im Ankleideraum der Mannschaft, und alle stimmten begeistert mit ein in das Lied:

„Dös is wos für 'n Weana,
„Für a wean'risches Bluat,
„Wos a wean'rischer Walzer
„An 'm Weana all's tuat.."

*   *
*

Der Ausschuß des Klubs war auf dem Bahnhof versammelt und wartete auf die aus Hamburg heimkehrende Mannschaft in größter Erregung, denn in den Morgenblättern war ein schreckliches Telegramm abgedruckt gewesen:

„Hamburg; — Achterrennen um den Staatspreis. Resultate: Favorit = Hammonia — Hamburg — erste: 6 Min. 2 Sek.; Ruderklub „Elia" — Wien — letzte: 6 Min. 32 Sek.
Interessantes Rennen zwischen Favorit = Hammonia, Hamburg, und Berliner Ruderklub. Wien unter acht Booten achtes, kam nie ernstlich in Betracht. Die Arbeit der Österreicher saft- und kraftlos und auffallend marionettenhaft."

„Sehen Se wohl, was hab ich jesagt," höhnte der Berliner, der schon eine Stunde auf dem Perron wartete, „jerade ne janze Minute schlechtere Zeit als anjeblich hier im Training."

„Ja, es ist schrecklich fatal," lispelte der Obmann, „und wir haben schon gestern Einladungen zum Siegesfest verschickt und das Bootshaus beflaggt und mit Reisig geschmückt."

„Es muß rein etwas passiert sein," meinte zögernd ein alter Herr, — dann schrien plötzlich alle durcheinander:

„Der Nummer zwei is schuld — —, der Sulzfisch, der zieht ja nicht einmal das Gewicht seiner Kappe, — der ganze Kerl ist schwabberig wie Hektographenmasse."

„Was denn Nummer zwei! Die ganze Backbordseite ist keinen Schuß Pulver wert."

„Überhaupt der ‚Einsatz' fehlt. Catch the water! — verstehen Sie mich, — verstehen Sie englisch? Catch the water. Schauen Sie her, so! catch, catch, catch!"

„Meine Herren, meine Herren, was nutzt das alles: catch, catch, catch, wenn man ‚Swivels' hat, wie wollen Sie da ‚einsetzen'. Hab' ich nicht immer gesagt: feste Dollen, was, Herr von Schwamm? — Ja, feste Dollen, haha, zu meiner Zeit: rum — bum — rum bum —"

„Hätt' alles nicht g'schadt, aber natürlich knapp vorm Training bei der Nacht mit Weibern rumlaufen, daran liegt's. Haben S' damals unsern ‚Stroke' g'segn in der Bretzelgass'n? Wissen S', wer die Frauensperson war? Die blonde Sportmirzl, wann Sö's no nöt kenna!"

Ein gellender Pfiff. Der Zug fährt ein.

Aus verschiedenen Coupés steigen die „Elianesen" aus. Ärgerliche Gesichter, müde, abgespannte Mienen: — — — „Träger! Träger! — Himmel Sakra, sind denn keine Träger da!"

„Erzählt's doch, was ist denn g'schehn? Letzte, immer Letzte?"

„Der ‚Sulzfisch'," murmelt Kurzweil ingrimmig.

Der schöne Rudi hat es gehört und tritt mit geschwellter Heldenbrust an ihn heran: „Mein Herr, ich bin Reserveleutnant im Artillerieregiment Nr. 23, verstehen Sie mich?" Und er zwinkert mit entzündeten Lidern, und sein Gesicht ist klebrig und rußgeschwärzt, als ob er auf einem Stempelkissen geschlafen hätte.

„Ruhe, meine Herren, Ruhe!" Staudacher ist es, der eine Flasche in der Hand hält.

„Erzählen, Staudacher, erzählen!" — Alles umdrängt ihn.

Der kleine Steuermann hebt die Flasche in die Höhe: „Hier ist des Rätsels Lösung, — wissen Sie, was da drin ist? — Alsterwasser, Hamburger Alsterwasser! — — Und da drin soll unsereins rudern, wo wir an unser dünnes klares ‚Kaiserwasser' gewöhnt sind, — net wahr, Kurzweil? Wissen S', daß dieses Alsterwasser bereits um ein Fünftel dicker ist als wie das unsrige!? — [ja, wirklich, m'r siecht's] — Ich hab's selbst mit dem Aräometer g'messen, und unsere Zeit ist trotzdem nur um ein Sechstel schlechter!

2*

— Nur um ein Sechstel — meine Herren! — Hä? Habn S' an Idee, wie wir hier g'wonnen hätten! — Da wären die Hamburger gar net mit'kommen."

Alle waren voll Bewunderung: „Nein, wirklich, alles was recht ist, unser Staudacher ist ein findiger Kopf, so einen sollen S' uns zeigen, die, die ... die deutschen Brüder aus dem ‚Reich' — —"

„Ja, ja! — 's gibt nur a Kaiserstadt, 's gibt nur a Wean!"

Der Opal

Der Opal, den Miß Hunt am Finger trug, fand allgemeine Bewunderung.

„Ich habe ihn von meinem Vater geerbt, der lange in Bengalen diente, und er stammt aus dem Besitze eines Brahmanen," sagte sie und strich mit den Fingerspitzen über den großen schimmernden Stein. „Solches Feuer sieht man nur an indischen Juwelen. — Liegt es am Schliff oder an der Beleuchtung, ich weiß es nicht, aber manchmal kommt es mir vor, als ob der Glanz etwas Bewegliches, Ruheloses an sich hätte, wie ein lebendiges Auge."

„Wie ein lebendiges Auge," wiederholte nachdenklich Mr. Hargrave Jennings.

„Finden Sie etwas daran, Mr. Jennings?"

— — — — — — — — — — —

Man sprach von Konzerten, von Bällen und Theater, — von allem Möglichen, aber immer wieder kam die Rede auf indische Opale.

„Ich könnte Ihnen etwas über diese Steine, über diese sogenannten Steine mitteilen," sagte schließlich Mr. Jennings, „aber ich fürchte, Miß Hunt dürfte dadurch der Besitz ihres Ringes für immer verleidet sein. Wenn Sie übrigens einen Augenblick warten, will ich das Manuskript in meinen Schriften suchen."

Die Gesellschaft war sehr gespannt.

* * *

„Also hören Sie, bitte. (Was ich Ihnen hier vorlese, ist ein Stück aus den Reisenotizen meines Bruders,

— wir haben damals beschlossen, nicht zu veröffentlichen, was wir gemeinsam erlebten.)

Also: Bei Mahawalipur stößt das Dschungel in einem schmalen Streifen bis hart ans Meer. Kanalartige Wasserstraßen, von der Regierung angelegt, durchziehen das Land von Madras fast bis Tritschinopolis, dennoch ist das Innere unerforscht und einer Wildnis gleich, undurchdringlich, ein Fieberherd.

Unsere Expedition war eben eingetroffen, und die dunkelhäutigen tamulischen Diener luden die zahlreichen Zelte, Kisten und Koffer aus den Booten, um sie von Eingeborenen durch die dichten Reisfelder, aus denen nur hie und da Gruppen von Palmyrapalmen wie Inseln in einem wogenden hellgrünen See emporragen, in die Felsenstadt Mahawalipur schaffen zu lassen.

Oberst Sturt, mein Bruder Hargrave und ich nahmen sofort Besitz von einem der kleinen Tempel, die, aus einem einzigen Felsen herausgehauen, eigentlich herausgeschnitzt, wahre Wunderwerke altdrawidischer Baukunst darstellen. Die Früchte beispielloser Arbeit indischer Frommer, mögen sie jahrhundertelang den Hymnen der begeisterten Jünger des großen Erlösers gelauscht haben, — jetzt dienen sie brahminischem Shivakult, wie auch die sieben aus dem Felsrücken gemeißelten heiligen Pagoden mit den hohen Säulenhallen.

Aus der Ebene stiegen trübe Nebel, schwebten über den Reisfeldern und Wiesen und lösten die Konturen heimziehender Buckelochsen vor den rohgezimmerten indischen Karren in regenbogenartigen Dunst auf. Ein Gemisch von Licht und geheimnisvoller Dämmerung, das sich schwer um die Sinne legt und wie Zauberduft von Jasmin und Holunderdolden die Seele in Träume wiegt.

In der Schlucht vor dem Aufgang zu den Felsen lagerten unsere Mahratten-Sepoys in ihren wilden malerischen Kostümen und den rot und blauen Turbans, und wie ein brausender Lobgesang des Meeres an Shiva, den Allzerstörer, dröhnten und hallten die

Wogenschläge aus den offenen Höhlengängen der Pagoden, die sich vereinzelt längs des Gestades hinziehen.

Lauter und grollender schwollen die Töne der Wellen zu uns empor, wie der Tag hinter den Hügeln versank und Nachtwind sich in den alten Hallen fing.

Die Diener hatten Fackeln in unseren Tempel gebracht und sich in das Dorf zu ihren Landsleuten begeben. Wir leuchteten in alle Nischen und Winkel. Viele dunkle Gänge zogen durch die Felswände, und phantastische Götterstatuen in tanzender Stellung, die Handflächen vorgestreckt mit geheimnisvoller Fingerhaltung, deckten mit ihren Schatten die Eingänge wie Hüter der Schwelle.

Wie wenige wissen, daß alle diese bizarren Figuren, ihre Anordnung und Stellung zueinander, die Zahl und Höhe der Säulen und Lingams Mysterien von unerhörter Tiefe andeuten, von denen wir Abendländer kaum eine Vorstellung haben.

Hargrave zeigte uns ein Ornament an einem Sockel, einen Stab mit vierundzwanzig Knoten, an dem links und rechts Schnüre herabhingen, die sich unten teilten: Ein Symbol, das Rückenmark des Menschen darstellend, und in Bildern daneben Erklärungen der Ekstasen und übersinnlichen Zustände, deren der Yogi auf dem Wege zu den Wunderkräften teilhaftig wird, wenn er Gedanken und Gefühl auf die betreffenden Rückenmarksabschnitte konzentriert. —

„Dies da Pingala, großer Sonnenstrom," radebrechte bestätigend Akhil Rao, unser Dolmetsch.

Da faßte Oberst Sturt meinen Arm: „Ruhig — — — hören Sie nichts?"

Wir horchten gespannt in der Richtung des Ganges, der, von der kolossalen Statue der Göttin Kala Bhairab verborgen, sich in die Finsternis zog.

Die Fackeln knisterten — sonst Totenstille.

Eine lauernde Stille, die das Haar sträubt, wo die Seele bebt und fühlt, daß etwas geheimnisvoll Grauenhaftes blitzartig ins Leben bricht, wie eine Explosion, und nun unabwendbar eine Folge todbringender Dinge aus dem Dunkel des Unbekannten, — aus Ecken und Nischen emporschnellen muß.

In solchen Sekunden ringt sich stöhnende Angst aus dem rhythmischen Hämmern des Herzens — wortähnlich, wie das gurgelnde, schauerliche Lallen der Taubstummen: Ugg—ger, — Ugg—ger, — Ugg—ger. —

Wir horchten vergebens — kein Geräusch mehr.

„Es klang wie ein Schrei tief in der Erde," flüsterte der Oberst.

Mir schien es, als ob das Steinbild der Kala Bhairab, des Choleradämons, sich bewegte: unter dem zuckenden Lichte der Fackeln schwankten die sechs Arme des Ungeheuers, und die schwarz und weiß bemalten Augen flackerten wie der Blick eines Irrsinnigen.

„Gehen wir ins Freie, zum Tempeleingang," schlug Hargrave vor, „es ist ein scheußlicher Ort hier." —

Die Felsenstadt lag im grünen Lichte wie eine steingewordene Beschwörungsformel.

In breiten Streifen durchglitzerte der Mondschein das Meer, einem riesigen, weißglühenden Schwerte gleich, dessen Spitze sich in der Ferne verlor.

Wir legten uns auf die Plattform zur Ruhe — es war windstill und in den Nischen weicher Sand.

Doch es kam kein rechter Schlaf.

Der Mond stieg höher, und die Schatten der Pagoden und steinernen Elefanten schrumpften auf dem weißen Felsboden zu krötenähnlichen phantastischen Flächen zusammen.

„Vor den Raubzügen der Moguln sollen alle diese Götterstatuen von Juwelen gestrotzt haben — Halsketten aus Smaragden, die Augen aus Onix und Opal," sagte plötzlich Oberst Sturt halblaut zu mir, ungewiß ob ich schliefe. — Ich gab keine Antwort.

Kein Laut als die tiefen Atemzüge Akhil Raos.

Plötzlich fuhren wir alle entsetzt empor. Ein gräßlicher Schrei drang aus dem Tempel — ein kurzes, dreifaches Aufbrüllen oder Auflachen mit einem Echo wie von zerschellendem Glas und Metall.

Mein Bruder riß ein brennendes Scheit von der Wand, und wir drängten uns den Gang hinab in das Dunkel.

Wir waren vier, was war da zu fürchten.

Bald warf Hargrave die Fackel fort, denn der Gang mündete in eine künstliche Schlucht ohne Deckenwölbung, die, von grellem Mondlicht beschienen, in eine Grotte führte.

Feuerschein drang hinter den Säulen hervor, und von den Schatten gedeckt schlichen wir näher.

Flammen loderten von einem niedrigen Opferstein, und in ihrem Lichtkreis bewegte sich taumelnd ein Fakir, behängt mit den grellbunten Fetzen und Knochenketten der bengalischen Dhurgaanbeter.

Er war in einer Beschwörung begriffen und warf unter schluchzendem Winseln den Kopf nach Art der tanzenden Derwische mit rasender Schnelle nach rechts und links, dann wieder in den Nacken, daß seine weißen Zähne im Lichte blitzten.

Zwei menschliche Körper mit abgeschnittenen Köpfen lagen zu seinen Füßen, und wir erkannten sehr bald an den Kleidungsstücken die Leichen zweier unserer Sepoys. Es mußte ihr Todesschrei gewesen sein, der so gräßlich zu uns emporgeklungen.

Oberst Sturt und der Dolmetsch warfen sich auf den Fakir, wurden aber von ihm im selben Augenblick an die Wand geschleudert.

Die Kraft, die in dieser abgemergelten Asketengestalt wohnte, schien unbegreiflich, und ehe wir noch zuspringen konnten, hatte der Fliehende bereits den Eingang der Grotte gewonnen.

Hinter dem Opferstein fanden wir die abgeschnittenen Köpfe der beiden Mahratten."

— — — — — — — — — — —

Mr. Hargrave Jennings faltete das Manuskript zusammen: „Es fehlt ein Blatt hier, ich werde Ihnen die Geschichte selber zu Ende erzählen:

„Der Ausdruck in den Gesichtern der Toten war unbeschreiblich. Mir stockt heute noch der Herzschlag, wenn ich mir das Grauen zurückrufe, das uns damals alle befiel. Furcht kann man es nicht gut nennen, was sich da in den Zügen der Ermordeten ausdrückte, — ein verzerrtes, irrsinniges Lachen schien es. — Die Lippen, die Nasenflügel emporgezogen, — der Mund weit offen und die Augen, — die Augen, — es war fürchterlich; stellen Sie sich vor, die Augen — hervorgequollen — zeigten weder Iris noch Pupille und leuchteten und funkelten in einem Glanze wie der Stein hier an Miß Hunts Ring.

Und wie wir sie dann untersuchten, zeigte es sich, daß sie wirkliche Opale geworden waren.

Auch die spätere chemische Analyse ergab nichts anderes. Auf welche Weise die Augäpfel hatten zu Opalen werden können, wird mir immer ein Rätsel bleiben. Ein hoher Brahmane, den ich einmal fragte, behauptete, es geschähe durch sogenannte Tantriks (Wortzauber), — und der Prozeß gehe blitzschnell, und zwar vom Gehirn aus vor sich; doch wer vermag das zu glauben! Er setzte damals noch hinzu, daß alle indischen Opale gleichen Ursprungs seien, und daß sie jedem, der sie trüge, Unglück brächten, da sie einzig und allein Opfergaben für die Göttin Dhurga, die Vernichterin alles organischen Lebens, bleiben müßten."

Die Zuhörer standen ganz unter dem Eindruck der Erzählung und sprachen kein Wort.

Miß Hunt spielte mit ihrem Ring. — — — —

„Glauben Sie, daß Opale wirklich deswegen Unglück bringen, Mr. Jennings?" sagte sie endlich. „Wenn Sie es glauben, bitte, vernichten Sie den Stein!" — — — —

Mr. Jennings nahm ein spitzes Eisenstück, das als Briefbeschwerer auf dem Tische lag, und hämmerte leise auf den Opal, bis er in muschelige, schimmernde Splitter zerfiel.

Das Geheimnis des Schlosses Hathaway

Ezechiel von Marx war der beste Somnambule, den ich in meinem Leben gesehen habe.

Oft mitten in einem Gespräche konnte er in Trance fallen und dann Geschehnisse erzählen, die sich an weit entfernten Orten zutrugen oder gar erst nach Tagen und Wochen abspielten.

Und alles stimmte mit einer Präzision, die einem Swedenborg Ehre gemacht hätte.

Wie nun diese Trance bei Marx absichtlich und beliebig herbeiführen?!

Alles mögliche hatten wir bei unserm letzten Beisammensein versucht — meine sechs Freunde und ich —, hatten den ganzen Abend experimentiert, magnetische Striche angewandt, Rauch von Lorbeer usw. usw., — aber alles schlug fehl, Ezechiel von Marx in Hochschlaf zu bringen.

„Blödsinn," sagte endlich Mr. Dowd Galagher, ein Schotte. „Sie sehen doch, es geht nicht. Ich werde Ihnen lieber etwas erzählen, etwas so Sonderbares, daß man Tage und Nächte vergrübeln könnte, dem Rätsel, dem Unerklärlichen darin auf die Spur zu kommen.

Fast ein Jahr ist es her, daß ich davon gehört habe, und kein Tag verging, an dem ich nicht Stunden vergeudet hätte, um mir wenigstens eine halbwegs zureichende Erklärung zurechtzuzimmern.

Schon als Schriftsteller setzte ich meinen Ehrgeiz dahinter, zumindest eine theoretische Lösung zu finden.

Alles umsonst!

Dabei kenne ich doch jeden Schlüssel, den der Okkultismus des Ostens und Westens bieten könnte.

Das wissen Sie doch! —

Finden Sie — wenn Sie können — zu der Geschichte den auflösenden Divisor!

Es würde mir imponieren.

Also hören Sie zu (er räusperte sich):

Soweit die Familienchroniken der Earls of Hathaway zurückgehen, kehrt von Erstgeborenem zu Erstgeborenem das gleiche dunkle Schicksal immer wieder.

Ein tötender Reif fällt auf das Leben des ältesten Sohnes an dem Tage, an dem er das einundzwanzigste Jahr erreicht, um nicht mehr von ihm zu weichen bis zu seiner letzten Stunde.

Verschlossen, wortkarg, gramvoll vorg sich hinstar rend — oder tagelang auf einsamer Jad — bringensie auf Hathaway-Castle ihr Leben zu, bis wiederum der älteste Sprosse — mündig geworden — nach dem Gesetze sie ablöst und das traurige Erbe antritt. Früher noch so lebensfroh, sind sie dann mit einem Schlage wie verwandelt — die jungen Earls — und verlobten sie sich vorher nicht, später eine Gattin in ihr freudloses Heim zu holen, ist fast Unmöglichkeit.

Dennoch hat keiner von ihnen je Hand an sich selbst gelegt.

Dennoch hat all diese Trauer und Qual, die keine Stunde mehr von ihnen wich, nicht genügt, auch nur in einem von ihnen den Entschluß zum Selbstmord reifen zu lassen. — — — — — — — —

Mir träumte einmal, ich läge auf einer Toteninsel — einer jener mohammedanischen Begräbnisstätten im Roten Meer, deren verkümmerte Bäume schneeweiß im Sonnenlicht leuchten wie mit Milchschaum übergossen.

Ein weißer ‚Schaum‘, der sich zusammensetzt aus Millionen bewegungslos wartender Geier. Ich lag auf dem Sandboden und konnte mich nicht rühren. — Ein unbeschreiblicher, entsetzlicher Verwesungsgeruch wehte warm aus dem Innern der Insel zu mir.

Die Nacht brach herein. Da wurde der Boden

lebendig, — aus dem Meer eilten durchsichtige Taschenkrebse von erschreckender Größe lautlos über den Sand; — hypertrophiert von der Mästung an menschlichem Aas.

Und einer von ihnen, träumte mir, saß an meinem Halse und sog mir das Blut aus.

Ich konnte ihn nicht sehen, mein Blick erreichte ihn nicht, — nur ein trüber, bläulicher Schein fiel auf meine Brust — von der Schulter her — wie das Mondlicht durch den Krebs schimmerte, der so durchsichtig war, daß er kaum mehr einen Schatten warf.

Da betete ich zu dem Meister in meinem Innern, er möge erbarmungsvoll das Licht meines Lebens verlöschen.

Ich rechnete aus, wann mein Blut zu Ende sein könne, und hoffte doch wieder auf die Sonne des fernen Morgens — — — — So, denke ich mir, wie in meinem Traum, muß auch im Leben der Earls of Hathaway noch ein leises Hoffen glimmen in all ihrer weiten, dunklen Trostlosigkeit. Sehen Sie, — den jetzigen Erben Vivian — damals noch Viscount Arundale — lernte ich persönlich kennen. Er sprach viel von dem Verhängnis, da sein zweiundzwanzigster Geburtstag nahe war, und fügte noch in lachendem Übermut hinzu, der Pest selber, — trete sie mit blauem Antlitz im entscheidenden Augenblicke vor ihn, nach seinem Leben zu greifen — solle es nicht gelingen, ihm auch nur eine Stunde lang Frohsinn und Jugend zu vergällen.

Damals waren wir in Hathaway-Castle.

Der alte Earl jagte seit Wochen im Gebirge; — ich habe ihn nie zu Gesicht bekommen. —

Seine Gemahlin — Lady Ethelwyn — Vivians Mutter, sprach, — gramvoll und verstört, — kaum ein Wort.

Nur eines Tages, — ich war mit ihr allein in der Veranda des Schlosses und, um sie aufzuheitern, erzählte ich ihr von den vielen tollen und lustigen Streichen ihres Vivian, die doch die beste Sicherheit für seine fast unzerstörbare Heiterkeit und Sorglosigkeit böten, — da taute sie ein wenig auf und sagte mir allerlei, was sie selbst über das Verhängnis teils in den Familienaufzeichnungen gelesen, teils selbst gesehen und entdeckt hatte in den Jahren ihrer langen einsamen Ehe. —

Schlaflos lag ich damals die Nacht und konnte die seltsamen, schreckhaften Bilder nicht bannen, die die Worte der Lady Ethelwyn vor meine Seele gerufen hatten: —

Im Schlosse sei ein geheimes Gemach, dessen verborgenen Zugang außer dem Earl und dem Kastellan — einem finsteren, scheuen Greise — niemand kenne.

Dieses Zimmer müsse an dem gewissen Zeitpunkte der junge Erbe betreten.

Zwölf Stunden bleibe er darin, um es dann bleich — ein gebrochener Mann — zu verlassen. —

Einmal war der Lady der Einfall gekommen, aus jedem Fenster ein Wäschestück heraushängen zu lassen, und auf diese Weise hatte sie entdeckt, daß immer ein Fenster ohne Wäsche blieb, also zu einem Gemach gehören mußte, dessen Eingang unauffindbar war.

Weiteres Forschen und Suchen blieb vergeblich; die labyrinthartig angelegten alten Gänge des Schlosses hemmten jede Orientierung.

Zuweilen aber, immer zur selben Jahreszeit, überkomme jeden das bedrückende undeutliche Empfinden, als sei für eine Zeit in Hathaway-Castle ein unsichtbarer Gast eingezogen.

Ein Gefühl, das sich allmählich — vielleicht durch eine Kette gewisser unwägbarer Anzeichen verstärkt — zur grauenvollen Gewißheit steigert. —

Und als Lady Ethelwyn in einer Vollmondnacht, von Schlaflosigkeit und Furcht gequält, in den Schloßhof hinabblickte, nahm sie in grenzenlosem Entsetzen wahr, wie der Kastellan eine gespenstische, affenähnliche Gestalt von schauerlicher Häßlichkeit die röchelnde Töne ausstieß, heimlich umherführte. —"

— — — — — — — — — — —

Mr. Dowd Galagher schwieg, legte die Hand vor die Augen und lehnte sich zurück.

„Diese Bilder verfolgen mich heute noch," setzte er seine Schilderung fort, „ich sehe das alte Schloß vor mir, wie ein Würfel gebaut, — inmitten einer in seltsam geschweiften Linien angelegten Parklichtung, — von traurigen Eibenbäumen flankiert.

Ich sehe wie eine Vision die wäschebehängten Bogenfenster und ein dunkles, leeres dazwischen. Und dann — — dann — —. Ja richtig, etwas habe ich Ihnen zu sagen vergessen:

Immer wenn die Anwesenheit des unsichtbaren Besuches fühlbar wird, durchdringt eine schwache, unerklärliche Ausdünstung — ein alter Diener behauptete, sie röche ähnlich wie Zwiebel — die Gänge des Hauses.

Was das alles bedeuten mag?! — — —

Wenige Wochen, nachdem ich Hathaway-Castle verlassen, drang das Gerücht zu mir, Vivian sei tiefsinnig geworden! Also auch der!

Dieser Tollkopf, der einen Tiger mit bloßen Fäusten angegangen hätte!!

Sagen Sie mir, haben Sie eine Erklärung, meine Herren?

Wäre es ein Spuk, ein Fluch, ein magisches Spektrum, die Pest in eigener Person gewesen, — um Gottes willen doch wenigstens einen Versuch zum Widerstand hätte Vivian — — — — — — — —"

— Das Klirren eines zerbrochenen Glases unterbrach den Erzähler.

Wir alle sahen erschreckt auf: Ezechiel von Marx saß kerzengerade und steif in seinem Sessel — die Augachsen parallel. — — Somnambul!

Das Weinglas war ihm aus der Hand gefallen.

Ich stellte sofort den magnetischen Rapport mit Marx her, indem ich ihm über die Gegend des Sonnengeflechtes strich und flüsternd auf ihn einsprach.

Bald war der Somnambule soweit, daß wir uns alle mit ihm durch kurze Fragen und Antworten verständigen konnten, und es entspann sich folgende Unterhaltung:

Ich: „Haben Sie uns etwas zu sagen?"

Ezechiel von Marx: „Feiglstock."

Mr. Dowd Galagher: „Was heißt das?"

Ezechiel von Marx: „Feiglstock."

Ein anderer Herr: „So seien Sie doch deutlicher!"

Ezechiel von Marx: „Feiglstock Attila, Bankier, Budapest, Waizner Boulevard Nr. 7."

Mr. Dowd Galagher: „Ich verstehe kein Wort."

Ich: „Hängt das vielleicht mit Hathaway-Castle zusammen?"

Ezechiel von Marx: „Ja."

Ein Herr im Frack: „Was ist die affenähnliche Gestalt im Schloßhof mit der röchelnden Stimme?"

Ezechiel von Marx: „Dr. Max Lederer."

Ich: „Also nicht Feiglstock?"

Ezechiel von Marx: „Nein."

Der Maler Kubin: „Wer ist also Dr. Max Lederer?"

Ezechiel von Marx: „Advokat und Kompagnon von Feiglstock Attila, Bankier in Budapest."

Ein dritter Herr: „Was will dieser Dr. Lederer in Hathaway-Castle?"

Ezechiel von Marx (murmelt etwas Unverständliches).

Der Maler Kubin: „Was haben denn die Earls von Hathaway mit der Bankfirma Feiglstock zu tun?"

Ezechiel von Marx (flüsternd in tiefer Trance): „— von Anbeginn — — ‚Geschäftsfreunde' der Earls."

Ich: „Worin wurden die Erben des Earltitels an dem gewissen Tage eingeweiht?"

Ezechiel von Marx (schweigt).

Ich: „Beantworten Sie doch die Frage."

Ezechiel von Marx (schweigt).

Der Herr im Frack (brüllend): „In was sie eingeweiht wurden?"

Ezechiel von Marx (mühsam): „In das Fami — — in das Fami—lienkonto — — — — — —"

Mr. Dowd Galagher (nachdenklich vor sich hin): „Ja so!! — In das Fami—lien—konto."

Das Wildschwein Veronika

Ein dreifach geflochtener Kranz, niedergelegt auf dem Altare schlichter Heimatkunst

I

Gärungen — Klärungen

Vom Alpensee wehte kühl der Odem des keimenden Morgens, und voll Unruhe irrten die Nebel umher auf den nassen, schlummernden Wiesen.

Kein Auge hatte Veronika, die Gezähmte, geschlossen die ganze Nacht und sich schlaflos hin und her gewälzt auf dem häuslichen Misthaufen. „Der Holzlapp' von Miesbach" von Xaver Hinterstoißer hatten sie drin im Saale gespielt gestern abend, und kein Auge war trocken geblieben, als so der „Pfarrer" dreiviertelstundenlang laut mit sich selber gekämpft.

„Das nenn' ich mir halt wahre Heimatskunst," hatte der fremde Städter mit der krummen Hahnenfeder auf dem Hute, als er — aus dem Gasthause getreten — sich für einen Augenblick an den Misthaufen stellte, laut zu seinem Nebenmann gesagt und dabei voll Inbrunst zum Monde aufgeblickt. „Alles so grundwahr aus dem Volke herausgewachsen. O, Erdgeruch, du mein Erdgeruch. Und haben Sie auch beobachtet, Herr Meier, was für ergreifende Töne dem Oberniedertupferseppl als ‚Großknecht' zur Verfügung standen! Es ist doch kaum zu glauben! Dieser schlichte biedere Bauernsohn!"

„Ja, und gar der prächtige Schnackl-Franz. Dieses urwüchsige Dudludludl, so naiv und doch so innig — gar nicht mehr los werde ich die Weise," hatte der andere freudig zugestimmt. Und dann waren beide wieder hineingegangen.

Dem Schwein Veronika auf seinem erhöhten Lager aber war kein Wort entgangen.

Stunde um Stunde verrann, und kein Schlaf kam mehr in seine Augen.

Der Mond war quer über den Himmel geschlichen; vorsichtig hatte der Misthaufen zuerst auf der linken Seite einen blauschwarzen Schatten herausgebleckt, ihn allmählich wieder eingezogen, dann rechts herausgebleckt — weiter, immer weiter, bis er endlich ganz und gar die Herrschaft über ihn verloren. Und nichts von alldem hatte das Schwein beachtet, wie doch sonst in hellen Nächten. So sehr jagten sich seine Gedanken!

Schon quoll der erregende Hauch des Morgengrauens aus der Erde, brutwarm stank es aus den Bauernhäusern, und immer noch grübelte Veronika. Grübelte und grübelte. Und Erinnerungen aus der Jugendzeit, an Alma, die liebliche Stiefschwester, und die andern — — alle — — alle, wurden wieder neu. Gott, wie war es doch damals nur gewesen?! Richtig, richtig, ja — — — der schöne Mann mit der Ballonmütze aus schwarzer Seide und dem blanken Messer als Hüftzier war eines Tages gekommen und hatte Alma genommen. Und der Papa hatte gesagt: „Es ist ein Theaterdirektor, er hat Alma entdeckt."

Und die Mama hatte gesagt: „Wegen ihrer rosa Hautfarbe kam er, — sie ist nicht wie ihr; — ach, und so verführerisch konnte halt das Mädchen mit dem Busen wogen. Sie wird bestimmt Koloratursängerin."

Eine ganze Woche hatten sie dann allesamt auf dem Misthaufen gelegen und rastlos geübt, verführerisch mit dem Busen zu wogen.

Wohl war von Zeit zu Zeit, wenn die Kirchweih nahte, der Theaterdirektor mit der Mütze immer wieder gekommen und hatte zur Feier des frommen Festes ein Familienmitglied an den Ohren weggeführt, aber von Alma sprach er nie.

„Soll ich denn auch auf ihn warten?" überlegte Veronika. „Soll ich nicht?"

Unentschlossen zählte sie an ihren zwölf Knöpfen ab: soll ich, soll ich nicht — —

Soll ich nicht! — kam heraus. Da erhob sich Veronika, schüttelte den Tau von den Borsten und blickte in den Himmel. Es gähnte der Morgen, rosenrot barst der junge Tag. Rosenrot. — — Wie Schminke.

Da frohlockte das Schwein ob des günstigen Zeichens. Und suchend blickte es umher.

„Ja, was wär' denn jetzt gar dös?! Ein grünwollenes Futteral liegt da?!"

Schnell biß es vier Stücke davon ab, zog sie über die Waden und setzte den Lampenschirm aufs Haupt, den grasgrünen, den die Wirtin neulich auf den Misthaufen geworfen hatte.

So, und jetzt noch eine Träne: „Lebt wohl, ihr Berge, ihr geliebten Triften, — — — ihr Wiesen, die ich wässerte — —," und im Trab zum Herrn Uhrmacher ging's, die zwölf Knöpfe versilbern lassen. Der machte das recht gern, wenn auch nicht billig, und sagte dabei ein- ums anderemal: „A Pferdsketten mit a paar Pfund Eberzähnt, dös fehlet halt no, und auf 'm Huat den Pinsel fein nöt vergessen!"

Denn er durchschaute des Schweines Pläne.

Dann zottelte Veronika von dannen, nach Norden der Hauptstadt zu.

Die Vöglein pfiffen, es glitzerten die Gräser, und hie und da stank ein Bauernlackel vorüber.

Unendlich rollte sich die Landstraße auf. Dichte Wolken wirbelte Veronika aus dem weißen verdursteten Boden, daß die engbrüstigen Pappeln mit ihren staubigen Blättern so husten mußten. Schon war die Sonne rot wie ein Krebs, und immer noch, in weiter, weiter Ferne, lag der Dunst der Stadt.

Doch emsig trottete Veronika dahin; ihre versilberten Knöpfe klirrten.

Eine vornehme Equipage rollte vorbei; es saß ein feiner Herr darin mit seiner Dame, und als er das

Schwein erblickte in Landestracht, da ging ihm das Herz auf. „Grüß' Gott," rief er leutselig, dann schloß er die Augen und gellte mit viereckigem Mund jjjjiiijach-hu-hu, so laut er konnte, daß die Pferde erschraken und einen kleinen Hopser machten.

Und zu seiner Dame gebeugt, sprach er bewegt von den Fährnissen der Berge, von dem tosenden Wildbach und — pfiff — paff — der flüchtigen Gemse. „Und riechst du es auch, Clare? Das ist Scholle. Ackerduft! Und nicht mal gedankt hat das Deandl auf meinen Gruß! Ja, so sind sie alle, diese stolzen unverdorbenen Naturkinder! Treu wie Gold!" — —

— — — — — — — — — — — — — —

2

Der Wurf gelingt

Nacht war's, halb zehn, fahl wie ein Knochen stierte der Mond vom Himmel, da buchstabierte Veronika die Theaterzettel an der Ecke, und mißtrauisch sah ein Schutzmann von weiten zu.

Wilhelm Tell (in volkstümlicher Bearbeitung), D' Schmalzler Vroni (Hinterstoißer Zyklus), Linzerische Bua'm, Húu-a-oa-hoahúa (Mundart), Auf der Alm da gibt's koa Sünd', Antonius und Cleopatra auf dem Dorfe

Das Wildschwein nickte befriedigt.

Dann tat es plötzlich einen furchtbaren Satz, warf den Schutzmann um, raste durch die Straßen und zur Seitentüre ins Theater hinein, durch lange Gänge kreuz und quer, trampelte den neuen Pappendeckel-Fafner kaputt, und fuhr dem Tenoristen Herrn Povidlsohn zwischen den Beinen durch, gerade als er hinter der Szene sang:

„Mit dem Feil, dem Boochen
durch Gebürch und Dahl
kommt der Schütz gezoochen
früheh, am Mohorgenstrahl."

Der Vorhang war soeben in die Höhe gerauscht, hinter einem Leinwandfelsen kniete Wilhelm Tell, und das Publikum wartete gespannt auf einige Verse von ihm, ehe er aus dem Hinterhalt auf den ahnungslosen österreichischen Beamten abdrücken werde.

Da sprang das Schwein wie der Blitz auf die Bühne.

Und erst langsam, dann schneller, immer schneller vollführte es ein idiotisches Getrappel auf den Brettern.

Hie und da quiekte es schrill dazwischen.

Wilhelm Tell war geflüchtet und hatte sich laut weinend hinter die Kulissen verkrochen. Den Souffleur hatte der Schlag getroffen. Nur im Publikum rührte sich nichts.

Minutenlang kam kein Laut aus dem schwarzen gähnenden Rachen des Zuschauerraums.

Dann aber brach es los wie ein Erdbeben.

„Allppenkunscht, Allppenkunscht, der Dichchter ischt sichcherlichch ous der Schwiez gsi," röchelte ein schweizer Kritiker ohne Hemdkragen.

Rechtschaffene Männer mit Hirschhornknöpfen wuchsen aus dem Boden, hinter wallenden Bärten, die blauen treu-dreieckigen Augen mit deutscher Biederkeit gefüllt.

Im Stehparterre war eine Druse pechschwarz gekleideter Oberlehrer aufgeschossen, und aus ihrer Mitte stieg ein hohler Ton ekstatisch zum Himmel an: „Anz Pfaderland, anz dojre, schlüs düch an." Es war da des Patriotismus kein Ende mehr! Und der einzige Oskar-Wilde- und Maeterlinck-Verehrer der Stadt, ein degenerierter Zugereister, hielt sich zitternd in der Toilette verborgen.

Veronika war ein gemachtes Schwein von Stund an. Immer wieder mußte es den famosen Schuhplattler wiederholen und Arm in Arm mit dem Herrn Regisseur unzählige Male vor der Rampe erscheinen.

Das Stück konnte gar nicht zu Ende gespielt werden, — Geßler blieb unerschossen zum großen Ärger der anwesenden Schweizer — und in den Korridoren noch wollte sich die Begeisterung nicht legen. Und fast wäre es zu Tätlichkeiten gekommen, als der Herr Charcutier Schoißengeyer aus Linz es wagte, mitten in den allgemeinen Enthusiasmus hinein bedenklich den Kopf zu schütteln und sich zu den Worten: „I woaß nöt, i glaub halt allaweil, 's is a Sau," hinreißen zu lassen.

— — — — — — — — — — —

Veronikas Ruhm wuchs von Tag zu Tag. Ein „Veronikatheater" wurde gegründet, und Schliersee, Bayerns berühmte Jodlquelle, als mutmaßlicher Geburtsort der Künstlerin, war in aller Munde. Kein Stück dürfe mehr die Zensur passieren, wenn es nicht mindestens 500 Meter über dem Meeresspiegel spielte, gellte der Schrei der Zeit.

An alle Fürstenhöfe drang die frohe Kunde, schon wieder sei die deutsche bodenständige Kunst auferstanden; — und selbst die scheue norddeutsche Herzogin Meta wurde aufmerksam und ließ sich berichten.

„Ach, lieber Graf," so sagte eines Tages die hohe Frau, „wie heißt doch nur das neue urwüchsige Bauerndrama, das so allgemein gefällt? Der — — der — — Seppell, — ach, es war ja aber noch 'ne Bezeichnung oder ein Vorname bei, der — — der — —"

„Es läßt sich nur unzulänglich ins Hochdeutsche übersetzen, Hoheit," hatte da errötend der Zeremoniemeißer erwidert. „Der äh, der äh, der — ‚Fäkalien-Joseph', das käme dem Sinne noch am nächsten. Ein neu aufgefundenes Fragment," fuhr er dann hastig fort, um das Peinliche des Eindrucks zu verwischen, „ein Fragment aus dem Nachlasse des leider allzu früh verewigten Volksdichters Hinterstoißer, voll packenden Realismusses und so ganz mitten aus dem pulsierenden Leben des Volkes geschöpft. Wie denn überhaupt Xaver Hinterstoißer es wie kein zweiter verstand, sich an die Natur anzulehnen. Ja, wahrlich, wahrlich: natura artis magistra."

Und da hatte die hohe Frau neugierige Augen gemacht und sogleich die Reise nach Süddeutschland angeordnet, um nicht die letzte zu sein.

3
Stilles Glück

Wer kennt nicht Frau Veronika Schoißengeyers niedliches Landhaus draußen ganz ganz am Ende der Vorstadt! Mit spiegelnden, fröhlichen Fensterlein guckt es gar schelmisch über die Flur, wenn Frau Sonne gütig herniederlacht.

Frau Veronika Schoißengeyers Villa.

Ja, staune du nur, schöne Leserin! Frau Veronika Schoißengeyers Villa. Denn kaum ein paar Jährlein, oder so, waren ins Land gegangen, seit wir Zeugen von Veronikas Triumphen gewesen, als die Künstlerin dem wackern Charcutier errötend zum Altare folgte.

Ja, ja, und du, lieber Leser, hättest es wohl auch nicht vermutet! Ja, ja, demselbigen Charcutier Schoißengeyer, der damals die unbedachte Äußerung tat.

Und was ihn betrifft, selbst heute noch, wenn der Wackere, — beut das Kirchweihfest frischfröhliche Lustbarkeit, — ein wenig zu tief in das Krüglein geguckt, kannst du ihn plötzlich ein gar ernsthaft Gesicht machen sehen, und hast du ein scharfes Ohr, werden dir auch gewiß seine gemurmelten Worte nicht entgehen: Ich woaß nöt, i glaub halt allaweil, 's is a Sau!

Doch du und ich, wir beide, wissen nur zu gut, was er damit meint. Daß es nur Reminiszenzen sein können an jenen Abend, da sich Veronika in aller Herzen sang und tanzte. Ein erkleckliches Sümmchen war es, das das heute so rundliche, aber immer noch so resolute Frauchen so ganz still und ohne viel Aufhebens durch ihre Kunst erworben hatte, ehe es den Brettern, die die Welt und — leider muß es gesagt sein — nicht immer die des Herzensreinen bedeuten, für immer Valet sagte, und von dessen Zinsen, nicht zu vergessen dessen, was der zielbewußte Gatte vordem durch nimmerrastender Hände Arbeit geschaffen, das Paar nun einträglich schaltete und waltete.

Und willst du jetzt, geneigte Leserin, Zeugin sein eines stillzufriedenen Glückes, — komm, folge mir in das behagliche Stübchen, wo Vater Schoißengeyer von des Tages Unrast und Mühsal verschnaufend, an dem grünen Kachelofen sitzend, der derben Stiefel entledigt, in den stets weißen blitzsaubern Socken die fleißigen Füße — die von treubesorgt emsigem Auf- und Niedergang in dem schmucken Anwesen so ermüdeten — Erquickung atmen läßt.

Frau Veronika, wie immer in der geliebten Tracht ihrer Heimat, wehrt den übermütigen Rangen, die, zwölf an der Zahl, bei der stämmigen Gestalt ihres Erzeugers doch alle der Mutter wie aus dem Gesicht geschnitten, sie jauchzend umdrängen. Gestehet, ist das nicht ein entzückendes Bild?! Ein erhebendes Symbol wahren dauernden Glückes zweier, die mit klarer Besonnenheit ihren gegenseitigen schlichten Wert erkannten und jedem Tande abhold, stets ihrem Stande, ihrem Stamme treu geblieben waren. Die nie zu hoch hinaus gewollt ins Unreale und flugs zugegriffen, wenn es galt, ehrlichen irdischen Vorteil beim Schopfe zu fassen. O, könnte sich unser Auge, wohin es in der Welt auch blicke, doch stets an solch inniger Vollkommenheit erlaben!

Doch jetzt geht das Öl der Lampe zur Neige, und alles sucht die schwellende Lagerstätte auf.

Nur Frau Veronika bleibt noch ein Weilchen und gedenkt im stillen der bewegten Vergangenheit, der nahen und doch, ach, so fernen.

Wie ihr guter Mann verlegen die Ballonmütze in den Händen gedreht, damals, und sie ihm ohne viel Federlesens um den Hals gefallen war. Und der Ärger des verschmähten Freiers, jenes windigen Gecken, dem es ja doch nur um ihr Geld zu tun gewesen.

Und dann die Hochzeit! Die Hochzeit in Linz, der Vaterstadt ihres Schoißengeyer — —!!

„Brock' mer uns a Sträuß-la,
Steck' mer's uns aufs Hüat-la.
So san mir Landsleut',
Linzerische Bua'm — —"

Frau Veronika wiegte summend das Köpfchen, und ihre Augen wurden feucht.

Wiederum, als sei es eben erst gewesen, sah sie im Geiste die Deputation des oberösterreichischen Dichterbundes feierlich auf sich zuschreiten und ihr die Ehrengabe überreichen, einen breiten, wunderschönen roten „Andreas-Hofer"-Gürtel und dazu, — wie der Sprecher schelmisch hervorhob, für ihren künftigen Erstgeborenen einen prachtvollen künstlichen Kropf aus fleischfarbenem Leder zum Umschnallen, falls ihn dereinst die Zünfte zum Abgeordneten für die Alpenländer wählen sollten. Rasch sich in die Lage findend, hatte Veronika damals in schmuckloser Einfachheit das „Zu Mantua in Banden" vorgetragen, und als sie mit dem herzzerreißenden Wehruf:

„Franzosen, ach, wie schießt ihr schlecht"

schloß, da wischten sich die bärtigen Männer mit den rauhen Handrücken über die Augen.

Es ging ein Schluchz durch Österreichs Gaue!

— — — — — — — — — — — —

Selig lächelte Frau Veronika vor sich hin. Dann sehnte auch sie sich nach der labenden Ruhe des Schlummers an der Seite des geliebten Gatten —

„Sie nimmt das Licht und geht zu Bett
Und spricht: der Abend war so nett."

— — — — — — — — — — — —

Schlußgesang

Und wir? Lasset uns kommen zu Hauf allesamt und dem Wildschwein Veronika ein treulich Andenken bewahren auch fürder. Und drohe auch welsche Art wie nächtlich grimmer Wolf unsere Hürde zu beschleichen, die tückischen Krallen zu wetzen nach dem Hort teutscher Kunst, — nein, Herz, sei unverzagt, nimmermehr sollen sie es uns entfremden — die Pierre Lotis, die Oskar Wildes und Maeterlincke, die Strindberge, Wedekinde und der grämliche Ibsen und wie sie alle heißen mögen, diese ausgestoßenen Stiefkinder bodenständiger unverfälschter Fabulierkunst, — nimmermehr entfremden das holde, innigschlichte Bild

unserer, unserer, unserer Veronika.

Das walte Gott!

Izzi Pizzi

Die letzte Sehenswürdigkeit, die ich auf einer Gesellschaftsreise zu mir nahm, war das „goldene Dachl“ in Innsbruck gewesen.

Seitdem habe ich bei Vishnu geschworen, nichts dergleichen mehr zu besichtigen.

Ich gebe lieber ganz offen zu, daß ich ein verkommener Mensch bin, der kein Interesse an den Dingen hat, die die Nation mit Stolz erfüllen — den selbst die erbeutetsten Kanonen langweilen und dessen Herz auch beim Anblick der Spitzenbinden Klothilde der Keuschen nicht höher schlägt.

So ein Kerl wie ich weiß nichts besseres zu tun, als auf einer Reise in den Straßen herumzubummeln, Leute zu betrachten, stundenlang auf dem Tandelmarkt zu stehen oder in Schaufenster zu gucken. —

So hatte auch ich es wieder einmal den ganzen Tag getrieben, und als der Abend kam, zog ich meinen Kompaß aus der Tasche und schlug jene Richtung ein, die am schnellsten und sichersten weg von dem Theater der Stadt führt. —

Ein zweites Theater gab es bestimmt nicht, das hatte mir ein Polizeimann auf Ehrenwort versichert, und so war ich denn ganz beruhigt. —

Nicht lange, und ich studierte das auffallende Plakat der „Wiener Orpheum-Gesellschaft“ beim Schein der darüberhängenden roten Laterne:

„Izzi Pizzi, die reizende jugendliche Chansonette, genannt der ‚Stolz von Hernals‘, debutiert heute abermals,“ so las ich, schlug an meine Brust, ob ich meine Brieftasche auch ganz sicher bei mir habe, und betrat mit dem entschlossenen Schritte des Wüstlings das „Schwarze Roß". So wurde das Lokal genannt — offenbar nach dem bärtigen Besitzer, der mir eine Glastür wies. —

Ein langes, schmales Zimmer, gesteckt voll. — Ich setze mich an jenen Tisch, der mit „reserviert" bezeichnet ist und daher dem Kenner sagt, daß hier nur Wüstlinge sitzen dürfen. —

Soeben betritt Izzi Pizzi das Podium und singt das herrliche Lied: „Ja, mir von Lerchenfeld, mir san hussarisch g'stellt." — Bei dem Worte Lerchenfeld produziert sie jedesmal eine Armbewegung von unnachahmlicher Grazie, tritt mit dem linken Fuß zurück und stellt ihn auf die Spitze.

Die oder keine, flüstert mein pochendes Herz.

Ich rufe den Zahlkellner, zücke einen Silbergulden und lade die Schöne zum Souper.

— Halb zwölf Uhr, und die Vorstellung wird gleich zu Ende sein. —

Etelka Horváth, ein schwarzes Ungarmädel, schlank wie eine Gerte, strampft noch die Schlußtakte eines wunderschönen izbeinigen Csardás und heult á und ó dabei. —

„Die Dame wird sofort erscheinen," meldet der Kellner.

Ich setze den Hut auf, lasse meinen Überzieher im Stich und gehe über den Hof ins Chambre „separé". —

Es ist bereits gedeckt.

Für drei Personen? — Aha, der blödsinnige Trick mit der Gardedame! —

Und dann viererlei Gläser?! Pfui Teufel! — Was kann man dagegen tun? — Ich versinke in dumpfes Brüten. —

Ein rettender Gedanke: „Sie, Oberkellner, schicken Sie sofort zu Franz Maader, Weinhandlung in der Eisengasse, um eine große Steinflasche Otschischciena, verstehen Sie? Otschischciena — O—tschisch—ciena!"

Ein Geräusch an der Türe!

Ein fraisfarbener Mantel mit wabernden blonden

Federn und einem blauen Mühlstein tritt ein. — Ich mache drei Schritte auf das Phantom zu und verbeuge mich ernst und feierlich.

„Izzi Pizzi," stellt sich der Mantel zuerst vor.

„Baron Semper Saltomortale vom Vorgebirge Athos," erwidere ich ruhig und würdevoll.

Zwei blaue, große Augen schauen mich mißtrauisch an. — Ich reiche der Dame den Arm und führe sie zu Tisch.

Was ist denn das?! Ein schwarzer Seidenklumpen mit Schmelztropfen sitzt bereits dort? — Ich reiße die Augen auf: Teufel! bin ich verrückt geworden? Oder war die Alte am Ende im Klavier versteckt gewesen?

Ich schiebe der Schönen den Sessel unter.

Er ist wirklich ein Ausländer, denkt sie.

„Meine Erzieherin," stellt sie die Alte vor, „Sie gestatten doch."

Der Kellner kommt herein, ich stürze ihm entgegen und stelle ihn noch an der Tür: „Sie, ich zahle weder Schusterrechnungen, noch etwaige gestrige Zechen — und dann: die Krachmandeln ohne Schale, verstanden — daß mir keine Vielliebchen drunter sind, überhaupt . . ."

Der Kellner zwinkert verständnisvoll mit dem rechten Auge; — ich drücke ihm ein Trinkgeld in die Hand, wie es sonst nur regierende Herzöge bekommen.

„Und den Stock hängen Sie mir auch her," setze ich laut hinzu, damit die Damen keinen Verdacht schöpfen.

Izzi Pizzi bestellt selbst: „Zuerst bringen S' Kaviar — bringen S' gleich die ganze Blechbüchs'n, damit man nöt immer klingeln muß . . ."

„Kaviar ist sehr gesund," wendet sie sich zu mir und wirft mir einen Glutblick zu. —

„In meiner Heimat trägt sogar jeder Gentleman eine Zitrone bei sich," füge ich verständnisinnig hinzu.

— — — — — — — — — — — —

„Der Kaviar ist leider ausgegangen, vielleicht Ölsardinen gefällig?" sagt der Kellner.

Izzi Pizzi fährt auf: „Aber draußen steht doch noch eine ganze Büchse voll!“

„Da ist Schrot drin, Fräulein,“ erwidert der Wackere, eingedenk des erhaltenen Trinkgeldes. —

„Also Krebse — zwölf Stück!“

„Izzi ist ein seltener Vorname,“ sage ich zu ihr, als sie mit dem Bestellen endlich fertig ist.

„Izzi ist nur mein Bühnenname, eigentlich heiße ich Ida. — „So eine, wie d' Ida war noch nie da.“

„Geistreich, wie alle Wienerinnen, mein Fräulein.“

„Das sagt der Graf auch immer, nöt wahr, Izzi?“ wirft die Alte mit süßlicher Miene dazwischen.

„Der Graf, der immer so eifersüchtig ist?“ frage ich.

„Sie wissen . . .?“ —

„Grafen sind immer eifersüchtig,“ ist meine Antwort.

Ich behandle die Chansonette wie eine grande dame und lege noch nie gesehene exotische Manieren an den Tag.

Der Alten tritt bereits der Schweiß auf die Stirn — von dem ewigen, verbindlichen Lächeln.

Izzi heuchelt verhaltene Glut und hängt rachsüchtig im Geist an die Zahl, die sie in Verbindung mit meinem Portemonaie im Gedanken trägt, eine Null an.

„Multiplizieren Sie sie mit fünf,“ fahre ich unvermittelt heraus. —

Entsetzt zuckt die Kleine zusammen: „Wie kommen Sie darauf? Was sagen Sie da?“

Kann er Gedanken lesen? denkt sie.

Die Gardedame glotzt mich stier an und scheint zu glauben, ich sei verrückt geworden.

Ich sinne nach irgend einer unklaren Antwort, da bringt der Kellner die Krebse.

Die beiden „Damen“ warten verlegen auf mich, was ich wohl Seltsames mit den Krebsen beginnen werde.

Ich lasse sie warten und putze sorgsam mein Monocle.

Die Alte hüstelt und rückt an ihrem Schmelzskalp. Die Junge nestelt an ihrer Bluse.

Endlich erbarme ich mich, blicke schmerzlich auf meine Fingernägel, nehme einen Krebs und wickle ihn in meine Serviette, die ich sodann vor mich auf den Tisch lege. —

Izzi hat es mir bereits nachgemacht, nur die Alte traut sich noch nicht recht.

Dann schlage ich mit der Faust darauf und wickle den zertrümmerten Krebs wieder aus.

Die Alte ist starr vor Staunen. „Krebsflecken gehen nicht aus der Wäsche," fährt es ihr heraus.

„Kusch," murmelt halblaut die Junge und gibt ihr einen Fußtritt unter dem Tisch.

In meinem Herzen jubelt die Hölle.

— — — — — — — — — — —

„Der Rheinwein war sauer, und der Burgunder hat an Stich g'habt," hat die kleine Ida gesagt, ganz glücklich, daß das dumme Essen vorbei und mit ihm die Gelegenheit, sich arg zu blamieren.

Die Alte hat nur geknabbert.

Siehst du, alte Bestie, denke ich mir, hättest du Mythologie studiert, so wüßtest du jetzt, was der gottselige Tantalus damals gelitten hat!

Aber jetzt kommt der Sekt, du dummer Fex, und trinken kann jeder wie er will, da gibt's keine Arabesken, denkt sich die Alte und wirft mir einen grünen Blick zu.

„Kühlen Sie vorläufig nur eine Flasche Pommery, goût américain, Kellner; wir werden dann zu einer andern Marke schreiten, und jetzt entkorken Sie mal den Steinkrug da und bringen Sie zwei mittelgroße Wassergläser dazu — eines für die gnädige Frau! — Ihnen mein Fräulein, wage ich nicht anzubieten," wende ich mich zu Izzi, „es erhitzt das Blut ein wenig."

„Was ist denn drin?" frägt die Kleine neugierig.

„Otschischciena — Tischwein auf Deutsch, ein russischer Labetrunk, den wir immer vor dem Champagner nehmen — Damen und Herren —, sieht genau aus wie gewöhnliches Wasser, — Sie sehen," sage ich und schenke das Glas der Alten voll.

Das meinige fülle ich unbemerkt mit wirklichem Trinkwasser.

„Man muß das ganze Glas auf einen Ruck hinunterstürzen, sonst leidet der Geschmack darunter; ich werde mir erlauben, es Ihnen vorzumachen, gnädige Frau — sehen Sie, so . . ."

Ich weiß nicht, woraus Otschischciena gemacht wird, ich weiß auch nicht, ob der Erfinder dieses Getränkes überhaupt ein lebender Mensch war, ich weiß nur eines. rauchende Salpetersäure ist lauwarmes Weihwasser dagegen.

Ein Gefühl des Mitleides beschlich mich, wie ich sah, daß die alte Frau das volle Glas wirklich so hinunterstürzte.

Selbst Chingagook, der große Häuptling der Mohikaner, wäre tot zusammengebrochen.

Die Gardedame aber verzog keine Miene, sie hatte die Augen niedergeschlagen und griff nach ihrer Frisur.

Sie wird jetzt eine lange Hutnadel hervorziehen und sie mir ins Herz bohren, denke ich mir. Doch nichts Ähnliches geschieht. Die Alte schaut mir voll ins Gesicht mit dankbarem Blick: „Wirklich ausgezeichnet, Herr Baron."

„Ich möchte auch einmal kosten," lispelt Izzi, und macht einen kleinen Schluck.

Dann fischt sie ein hineingefallenes Insekt aus dem Glas und trällert so gewiß: „Die Flieg'n kommt mir spanisch vor, spanisch vor, spanisch vor."

Ich lasse mich aber nicht aus der Rolle bringen und bleibe so konventionell wie zuvor.

Als Izzis Knie das meine drückt, sage ich Pardon und werfe einen scheuen Blick auf die „Erzieherin".

Das wird der Kleinen zu dumm, und sie schickt die Alte endlich ärgerlich schlafen.

Ich lege der Gnädigen den Steinkrug an die Brust und wünsche ihr eine recht geruhsame Nacht. —

— — — — — — — — — — —

Also jetzt werden sie der Reihe nach kommen, die alten bekannten Geschichten: Daß es Ida auch nicht an der Wiege gesungen worden war, und so; daß sie sich einem Kavalier hingab, nur um ihres Bruders Spielschulden zu decken. Die Alte, die eben ging, stamme noch aus der Zeit, als sie selbst, noch ein Wildfang, sich auf den herrschaftlichen Gütern ihres Vaters herumgetummelt; eine alte treue Dienerin! — Und wie sie den Grafen hasse, der sie so eifersüchtig bewacht, — nur ein paar Gulden in der Hand, um einige kleine Schulden: Schusterrechnung und dergleichen, zu bezahlen, die sie zu stolz ist, ihm einzugestehen — und sie würde ihm auf der Stelle den Laufpaß geben. — Und dann die Kolleginnen! — Ach Gott, schamlose Dinger — besser, gar nicht davon zu reden! —

Ich sehe Izzi forschend an. — Richtig, sie hat ein ernstes Gesicht aufgesetzt und macht bereits Märchenaugen.

„Etelka Horvàth ist heute abends das letztemal aufgetreten, das Publikum hat schon gezischt," beginnt sie.

Aha, denke ich mir, Abwechslung macht das Leben schön; die fängt einmal von hinten an.

„Heute schläft sie schon drüben im Hotel Bavaria, die — die — — na — die — die Ungarin. — Ich selbst wohne hier im Hause, im schwarzen Roß, oben im ersten Stock. — Von sieben Uhr abends darf ich weder ausgehen, noch auch Besuche auf meinem Zimmer empfangen. Der Graf ist ein elender Tyrann," fährt sie fort.

„Und dann ist es obendrein Polizeivorschrift," werfe ich träumerisch ein.

„Auch das," gibt sie verlegen zu, „aber von 9 Uhr früh an kann man mich besuchen, — bis 12 Uhr liege ich im Bett!"

Pause.

Mein Fuß streift den ihren.

Sie lehnt sich zurück, sieht mich durch halbgeschlossene Lider an, knirscht mit den Zähnen und beginnt hastig zu atmen. —

Ich reiße sofort den Federnmantel von der Wand und lege ihn um ihre Schultern: „Sie müssen sich schlafen legen, liebes Kind, Sie fiebern ja förmlich?"

— — — — — — — — — — —

Wir gehen über den Hof zurück zum Stiegenhaus. Beim Portier bleibt Izzi zum Abschied stehen: „Gehen Sie schon nach Hause oder noch ins Café, Baron?"

„Ich muß morgen zeitlich aufstehen und gleich um neun Uhr einen Besuch machen," antworte ich, und schaue ihr tief in die Augen; „ich habe heute abend mein Herz verloren, — aber werden Sie auch nichts verraten?"

Die Kleine schüttelt unsicher den blauen Sammetmühlstein.

„Dann will ich es Ihnen anvertrauen: Ich bin ganz weg in die süße Etelka, Ihre reizende Kollegin."

Izzi fegt die Treppe hinauf, ich aber stehe seelenvergnügt und pfeife mir eins:

„Denn die Rose —
Und das Mädchen —
Will betro—gen —
Sein."

Die Erstürmung von Serajewo
(Aus meinen Kriegsjahren)

Nervi, im Juli 1908

Der Herbst zog ins Land, und, wie der Dichter sagt, die schönen Tage von Arranguetz waren schon vorüber. Wir saßen grad im Café Fensterl — ich denk es noch wie heut — ich und mein Freund, der Oberleutnant vom dreiundzwanzigsten, Stankowits, und schauen, ob net ein fesches Weib vorübergeht.

Was machst du heut, Stankowits, frag ich, ich geh „bacc". — Ich? ich geh „privat", sagt der Stankowits, und da geht auch schon die Glastür vom Kaffeehaus und herein stürzt der Hauptmann in Evidenz dreiundsiebzigstes Feldjägerba'on Franz Matschek.

„Wißt's ihr's schon, Krieg is, Krieg is," ruft er noch ganz atemlos. Was denn, wir beide, ich und der Stankowits, springen erregt auf, und der Stankowits ruft in der ersten Verwirrung: „Zahlen".

„Herr Hauptmann, irrst du dich auch nicht?" sag ich und stell mich in Positur.

Es war aber kein Irrtum.

Keine Feder vermag zu schildern, was damals in der Brust von einem jeden von uns vorging. Krieg, Krieg, es ist halt doch eine greuliche Sach, so wie ich jetzt in reifen Jahren drüber denk!

Ich war noch ein blutjunger Leutnant, und es zog mir doch ein wenig das Herz zamm, wenn ich an das liebe Elternhaus dachte.

Und es waren so friedliche Zeiten gwesen, und die Nachricht des Krieges kam wie der Blitz.

Wie bekannt, saß damals unser Allerhöchster Kriegs-

Herr Alois der Dritte, der Gütige, auf dem Throne. „Lang, lang ists her, jetzt ruht er in steinernen Särgen!"

Durch intime Beziehungen, die ich damaliger Zeit zu einer hohen Person unterhielt — pardohn, die Diskretion verbietet mir Details anzugeben —; erfuhr ich ganz Genaues über den Ursprung und so weiter und so weiter des Krieges und wurde so einer der wenigen Sterblichen, die tiefer in dies Blatt der Weltgeschichte zu blicken vermochten.

Die Kriegserklärung erfolgte, wie allgemein bekannt, am einunddreißigsten September denkwürdiger Erinnerung.

Es war grad Rindviehausstellung. Um Schlag elf sollte eröffnet werden. Die Prachtochsen aus allen Gauen der Monarchie standen schon bekränzt beisamm und man wartete nur noch auf das Allerhöchste Eintreffen unseres geliebten Kriegsherrn.

Endlich fuhr der Galawagen vor.

Einen Augenblick später stand die hohe Gestalt Alois' III. weithin sichtbar auf der Estrade. Drei Schritte hinter ihm in goldstrotzender Uniform die hohe Person, von der ich schon sprach und später alles genau erfuhr.

Unauffällig zog unser Allerhöchster Kriegsherr aus der rückwärtigen Tasche ein Stück Papier und sah verstohlen auf die Inschrift:

„Diese Brücke dem Volke," hörte man Ihn murmeln, „nein, das ist es nicht" — und er holte eine andere Karte hervor: „Hurra" („Nein, die ist es auch nicht.")

Dann kam eine blaue mit dem Satze: „So läute denn, Glocke, fürder." („Sapperlot, wieder falsch.")*)

Der Monarch wurde bereits nervös und man konnte bereits deutliche Zeichen Allerhöchster Ungeduld wahrnehmen.

Ein neues Billett: „Sehen Sie nur zu, daß die Verhältnisse so rasch wie möglich zu einem gedeih-

---

*) Historisch, bitt schön.

4*

lichen Ende kommen." („Der verflixte Franz*) hat mir schon wieder die Zetteln durchanandbracht.")

Ein letztes Mal tauchte die Allerhöchste Hand in die rückwärtige Tasche. — Ein rotes Billett! Ein Augenblick furchtbarer Spannung, — — und klar und fest hallte die Stimme des Herrschers, den gordischen Alexanderknoten mit einem entschlossenen Ruck zerhauend, über die Köpfe der Menge hin: „Ich — erkläre — den — Krieg!"

— — — — — — — — — — —

Ehe irgend jemand noch so recht zur Besinnung kommen konnte, hatte der Monarch bereits elastischen Schrittes, gefolgt von der „hohen Person", die Estrade verlassen.

Die Herren vom Generalstab, die vollzählig versammelt beisammstanden, waren eine Weile in tiefster Ratlosigkeit. Erst unser unvergeßlicher Feldzeugmeister Topf Edler von Feldrind, damals der feinste Kopf unserer Armee, rettete, wie schon so oft in ähnlich kritischen Lagen, die Situation mit den entschlossenen Worten:

„Meine Herren, jetzt da muaß wos gschegn."

Und einen Augenblick später brauste auch schon die Volkshymne durch den Ausstellungsplatz.

Eine Begeisterung, von der man sich nach so viel Jahren kaum mehr eine Vorstellung machen kann, loderte auf. Das Rindvieh riß sich los und raste umher, die Prachtochsen waren kaum mehr zu halten; und stärker, immer stärker aus tausend Kehlen schwoll der Ruf: „Alois, der Dritte, der Gütige, er lebe hoch!" — Dazwischen, wie Raketen aufsteigend, gellten grimme Verwünschungen auf den Feind.

Wie stetz in solchen Fällen, wanns gilt „zu den Waffen", griff die Begeisterung in wenigen Stunden auf das ganze Land über. — — Keiner wollte da zurückstehen. Selbst der Geringste brachte seinen goldenen Ehering zum Altar des Vaterlandes und tauschte ihn gegen einen eisernen Gardinenring um. — Die

*) „Franz", weiland Kammerdiener Seiner Majestät

Mädchen zupften Tag und Nacht. (Scharpyen oder wie man das nennt.) Und was die vornehmen Damen waren, arrangierten einen Basar mit Busseln für das rote Kreuz. Pardohn den Ausdruck, aber es war eigentlich ein Gaudi. Ich denk es noch wie heute! — — Trotz des Ernstes der Lage mußten wir damals insgeheim oft lächeln. — — —

Es war halt doch eine fesche Zeit! — — — —

Also, die ganze Woche denkwürdigen Datums war das Palais des Kriegsministeriums taghell erleuchtet gwesen. — Vor den Toren wogte die aufgeregte Volksmenge auf und ab, und die Polizeibeamten hatten die größte Mühe, im Schweiße ihres Angesichts den freien Verkehr zu verhindern.

Wie ich später von der angedeuteten hohen Person unter Diskretion erfuhr, hatten sich die Herren vom Generalstab lang net einigen können, gegen welche Macht eigentlich der Krieg geführt werden sollte.

„Montenegro, Montenegro," schrien fast alle, als der vorlesende Major Auditor beim Buchstaben M angelangt war, und nur der Hartnäckigkeit der besonneneren Herren ist es zu danken, die immer wieder betonten, daß in der Armee die erforderliche Beweglichkeit des Trains infolge gerade jetzt im Gange befindlicher Reorganisation desselben immerhin zu wünschen übrig ließe, und daß man sich gerade jetzt, wo es gelte, der vaterländischen Ruhmesgeschichte nach so langer Zeit wieder ein neues grünes Reis zuzufügen, vor jedem Wagnis sorgsam zu hüten habe, — — also dieser Hartnäckigkeit der besonneneren Herren ist es zu danken, daß man sich schließlich auf — — Thessalien einigte.

Dort hatte Menelaus Karawankopoulos den Thron inne, und daß er — bekanntlicher geringer Herkunft — der einzige Souverän war, der nicht mit die andern Herrscherhäuser verwandt war, gab den Ausschlag.

Erst in früher Morgenstunde des letzten Wochentags aber wurde abgestimmt und der Beschluß gefaßt,

„uiber Auftrag eines hohen Kriegsministeriums wolle eine sub adressa p. t. Staatsdruckerei die Fertigstellung der neuen Generalstabskarten, insbesondere der die im Osten an die benachbarten Länder angrenzenden Militärstraßen betreffenden unverzüglich und nach Tunlichkeit beschleunigen."

Damit war der Würfel gefallen.

„Alea jacta est", wie unser verewigter Oberst Chiçier immer zu sagen pflegte.

In unbeschreiblicher Erregung warteten wir alle Herren unterdessen in der Kasern auf den kommenden Befehl von oben.

Wir hatten Bereitschaft und seit neun Uhr abends stand die Mannschaft in voller Marschadjustierung in Reih und Glied im Kasernhof.

Endlich um sieben Uhr früh, nie im Leben werd ich den Augenblick vergessen, kam der Befehl: „Zum Bahnhof!"

Und unter dem althistorischen „Tataramm, Tataramm Tataram Tataraa, — — Tataramm, tataramm, tataram" — — ging's durch die Stadt.

Mir schlug das Herz bis zum Halse hinauf. —

— — — „eine Kugeel kam geflogeen, gilt sie mir oder gilt sie dir" — hab ich fort summen müssen, wie wir so marschiert sind. — — —

Eine halbe Stunde später waren wir einwaggoniert.

— — — — — — — — — — —

— — — — — — — — — — —

Unser Regiment (Oberst Chiçier) war, wie wir bald wahrnahmen, an den Bodensee kommandiert.

Das hatte nämlich seinen guten Grund.

Kaiser Karawankopoulos, dessen früherer Name eigentlich Franz Meier gwesen, hatte vor seiner Thronbesteigung bekanntlich mit seinem Bruder Xaver zusamm eine Brigantenschar befehligt. Xaver war dann in die Schweiz gangen und hatte sich als Hotelier selbständig gmacht. Da durfte naturgemäß der Gedanke, daß zwischen Thessalien und der Schweiz feine diplomatische Fäden spönnen, im Auge behalten werden.

Unser Regiment hatte die Aufgab, das hatten wir bald heraußen — koste es auch den letzten Mann — die Landung der beiden schweizerischen Kriegsschiffe „Douceur“ und „Wilhelm Hô-Tell“ zu verhindern, die sich unter allerhand ränkevollen Manövern und unter dem Vorwand, lediglich dem friedlichen Renken- und Weißfischfang obzuliegen, Tag und Nacht in bedrohlicher Nähe unseres Gestades hielten.

Stündlich nahm unser Oberst die Berichte der Spione aus Feindesland entgegen.

Ja, es waren Tage aufreibendster Erregung!

Da verlautete, die Schweizer hätten sofort im ersten Schrecken, als es hieß, die Kaiserlichen kommen, sämtliche Kühe des Landes mit dem „Aßpansöhr“ auf die Matten geschafft. — Dann wieder kam die Nachricht, der eidgenössische Automobilfallensteller Guillaume Oechsli sei zum Admiral ernannt worden und das Eintreffen des Feldmarschalls Büebli — zurzeit noch Oberkellner im Grandhotel „Koofmich au lac“ — könne, da sich der Fremdenstrom bereits zu verlaufen beginne, stündlich gewärtigt werden.

— „Die furchtbaren Schützen aus dem Waadtland kommen, die in Friedenszeiten die Löcher in den Emmentaler Käs schießen“ — lief dann plötzlich das Gerücht um — „die ganz freien Schweizer, die nicht einmal Stiefel an den Füßen dulden und denen sich durch häufiges Waten durch die Straßen Genfs ganz von selbst und sozusagen natürliche Schuhe bilden.“

Nachts jede Minute bereit, in den Heldentod zu gehen, tags ununterbrochen die unverständlichen Commandi im „Schwizzer Dütsch“, das furchteinflößende „chacharachch-hoou-gsi“ von den Bergrücken schallen zu hören — — — ach, wie oft kam da der Stankowits zu mir ins Biwak, umarmte mich unter Tränen und sagte: „Freunderl, i halts nimmer aus!“ — —

Eines schönen Morgens, ich hatte mir grad ein frisches Zigarettl angezündet, da tönten Alarmsignale: tatarah, tatarah, durchs ganze Lager. Uiberfall, Uiberfall war unser aller Gedanke. Kommandorufe, Hin- undherrennen der Chargen, die Signale der Artillerie, die in der Hast mit ihre Gschütz mitten durch unsre Fußtruppen hindurch wollten, und so weiter und so weiter. Keiner von uns allen Herren wußte mehr, wo ihm der Kopf stand. Kurz, es war ein Durcheinand, wie es eben nur — in Kriegszeiten möglich is.

Doch bald trat wieder die kaltblütige Ruhe ein; es stellte sich heraus, daß lediglich die Feldtelegraphen unrichtige Zeichen gegeben hatten. Man hatte mit den Triëdern einige Extrazüge Lindau passieren gesehen, die, mit färbig bemalten riesigen Metallplatten beladen, neue, ganz unbekannte Geschützarten zu transportieren schienen. Es war jedoch bloß der zerlegbare künstliche Blechregenbogen vom Rigi gwesen, Nationalgut der Eidgenossenschaft, das die Schweizer wie ihren Augapfel hüteten und jetzt in ihrer Angst in Sicherheit brachten.

Aber genug nun von alledem. Als gewissenhaftem Chroniker liegt es mir ob, auch die östliche Seite des Kriegsschauplatzes zu beleuchten.

In beispiellosen Eilmärschen, wie sie in der Kriegsgschicht wohl einzig dastehen, war unser erstes, zweites und drittes Armeekorps in östlicher Richtung vorgedrungen.

Der so wenig wünschenswerte Verlauf, den leider der Feldzug trotz aller so glorreichen Einzelphasen für uns nahm, ist ja historisch, — bekanntlich aber nur auf Rechnung ganz unvorhergesehener Zufallstücken zu setzen. So glänzend unsere Regimenter am Bodensee den eventuellen Feind in Schach hielten, so sehr hatten wir im Osten mit den unglaublichsten Widrigkeiten aller Art zu kämpfen. — So blieben zum Beispiel die Generalstabskarten von der Staatsdruckerei aus und machten sich durch ihren Mangel äußerst fühlbar und so weiter und so weiter.

Irrige Deutungen des alten Moltkeschen Satzes: „Getrennt marschieren und vereint schlagen", verhängnisvoll unterstützt von allerhand eingschlichenen sinnstörenden Schreibfehlern im Feldzugsplan, — hatten im Lauf der langen Friedensjahre Platz gegriffen und dazu gführt, daß man dem ersten Armeekorps die Munition und dem zweiten die Waffen zuteilte und beide dann getrennt marschieren ließ. — Das hätt net viel gmacht, wenn halt nicht grad durch einen unglückseligen Zufall das erste Armeekorps die Wegrichtung verloren und sich in Siebenbürgen verirrt hätt, so daß das zweite Armeekorps ohne eine einzige Patrone in Thessalien anlangte und nach vier Wochen, ohne einen Schuß tun zu können, unverrichteter Sache wieder heimkehren mußte.

Das dritte Armeekorps, nach altem Prinzip mit Waffe und Munition ausgerüstet, war leider ebenfalls abgeirrt und versehentlich viel zu weit nach Süden geraten. So sehr hatte sich das Kriegsglück gegen uns verschworen!!

Was das Verhalten des Feindes anlangt, so war uns dasselbe gleich von Beginn an vollkommen rätselhaft und geheimnisvoll.

Die Erlässe des Menelaus Karawankopoulos an seine Truppen, der übrigens mit Unrecht in der Geschichte „der Ränkevolle" genannt wird, erscheinen auf den ersten Blick vollkommen sinnlos und einem zerzütteten Gehirn entsprungen*). Fast könnte man sich versucht fühlen, an eine Frozzelei zu denken, wenn man nicht wüßt, es mit einem Geisteskranken haben zu tun gehabt zu haben.

So hatte der Thessalier die Todesstrafe verhängt für jeden seiner Leute, der es wagen sollte, auf einen unserer Offiziere zu schießen, und begründete dies seinem Stabe vis-à-vis mit dem wahnwitzigen Satze: „Wehe uns, wenn der Feind je ohne ‚Führung' wäre und die Mannschaft nur auf sich allein angewiesen."

Dieser Wahn des Karawankopoulos ging so weit, daß er insgeheim Bauern, Hirten, Zigeuner und so weiter angestellt hatte, die sogar die Telegraphendrähte in unserm (!!) Lande in Ordnung halten mußten, zerrissene Drähte nachts heimlich löteten und dergleichen,

*) Noch heute zerbrechen sich unsere staatlich angestellten Historiker die Köpf, um den Schlüssel zu dem Vorgehen des Thessaliers zu finden.

bloß damit, wie er geäußert haben soll, „die Heeresleitung in Wien ununterbrochen Einfluß auf die Kriegsführung nehmen könne".

Kann das ein vernünftiger Mensch verstehen?

Nicht genug damit: Auf den Wegen, die unsere Infanterie zu passieren hatte, waren häufig — — Bretter gelegt, wie um uns Herren Offizieren, was die Berittenen waren, das Hinüberkommen über die Gräben zu erleichtern! Und nahm wirklich einmal ein Pferd Schaden, — wie aus dem Boden gewachsen kam immer gerade ein Strolch des Weges und brachte ein neues, lammfromm zugerittenes Tier daher. — Auf die Mannschaft dagegen hagelte es nur so blaue Bohnen aus dem Hinterhalt; zu Hunderten fielen die Kerle.

Bis heut gänzlich unaufgeklärt ist übrigens der Umstand, daß die feindliche Bevölkerung bei dem Eintreffen unseres zweiten Armeekorps in Thessalien auch nicht eine Spur von Bestürzung oder Angst an den Tag legte und alles nur hämisch grinste. Es schien fast, als ob die Schufte Wind bekommen hätten, daß die Unsrigen über keine einzige Patrone verfügten.

Wie bereits erwähnt, war inzwischen unser drittes Armeekorps unter Topf, Edlen von Feldrind, in beispiellosen Eilmärschen irrtümlich zu weit nach Süden geraten, und eines Morgengrauens eröffnete sich den staunenden Blicken des Generalstabes tief unter ihnen ein weites Tal und mitten darin eine schimmernde, trotzig befestigte Stadt.

Keinen Augenblick Zeit verlor der heißblütige heldenhafte Topf.

Alles deutete darauf hin: — die Halbmonde auf den Kuppeln — kurz, der ganze türkisch-griechische Charakter, das drohende schweigsame Fort, das Militär in den Straßen in österreichischer (!!) Verkleidung und scheinbar (!) ganz ahnungslos, alles das mußte doch drauf hindeuten, daß es sich hier um das Herz Thessaliens handle, und daß der ränkesüchtige Grieche offenbar die Kaiserlichen mit allerlei Blendwerk hinters Licht zu führen plane.

Mit katzenhafter Geräuschlosigkeit postierte Topf seine Truppen, eröffnete um sechs Uhr früh das Feuer und ging sofort zum Bajonettangriff über. Es kam zu einer Schlacht von noch net dagwesener Heftigkeit. — Übrigens dem gemeinen Mann alle Ehre: wie die Löwen schlugen sich die Kerle. Die Stadt wehrte sich verzweifelt; seit den Kreuzzügen sah man kein solches Ringen, und erst die sinkende Nacht gebot dem Morden Einhalt.

Mit Feldherrnblick erkannte Topf, Edler von Feldrind, bereits um vier Uhr nachmittags, daß keine Macht der Erde ihm die Siegespalme mehr werde entreißen können, und telegraphierte an unsern Allerhöchsten Kriegsherrn:

Nach furchtbarem Kampfe feindliche Hauptstadt erstürmt, Entrinnen des Gegners unmöglich, lege Euer Majestät entscheidenden Sieg untertänigst zu Füßen.

gezeichnet: Topf

Um halbfünf Uhr langte die Depesche ein, trug um sechs Uhr das Siegeshalleluja in alle Winde, und bereits um sieben Uhr waren auch unsere Regimenter am Bodensee vom Ende des Krieges in Kenntnis gsetzt und der Rückzug angeordnet.

Wir waren grad nach einem Marsch, ich hatte den Speisesaal in einem noblen Hotel in Beschlag gnommen, wie das halt in Kriegszeiten schon so is, und hatte mir zum großen Naserümpfen von einigen Gigerln, die mit ihre aufgeputzten Weiber am Nebentisch saßen, die Stiefel auszogen, um mir die Fußfetzen ein bissel auszuschlenkern, da stürmt der Stankowits herein und kann vor Tränen gar nöt reden. „Friedensschluß" ist das einzige, was er herausbringt. Na, und „in den Armen liegen wir sich beide und weinen vor Schmerzen und Freude", wie es im Liede so herrlich heißt.

War das ein Jubel! Die Kameraden umringten mich, und wir gratulierten einander unter Tränen.

Die zwei Gigerln entferuten wir mit Brachialgewalt der Hetz wegen aus dem Lokal — wir waren unser sechs Herren und drei Feldwebeln — und machten dann einen Mulatschak bis zum frühen Morgen.

Wohl langte am nächsten Tag noch eine Flut von Depeschen ein, die wieder alles in Frage stellten und die Weiterführung des Krieges in Aussicht rückten, „da die Erstürmung der feindlichen Hauptstadt auf einem Irrtum beruhe", uns war aber schon alles wurst, und wie die Sachen schon einmal standen, war die Gschicht auch schon zu weit gediehen. — Unsere verheirateten Herren drängten auch schon nach Haus, und so bliebs schließlich beim Friedensschluß.

Die zweiten Depeschen wurden dann natürlich von Hoher Seite als inoffiziell erklärt.

Der Widerspruch in den Telegrammen ergab sich nämlich aus dem Umstand, daß die gewisse erstürmte Hauptstadt im östlichen Kriegsschauplatz noch am Abend nach der Schlacht beim Einzug Topfs Edlen von Feldrind zu spät als Serajewo erkannt und agnosziert wurde, welches Serajewo schon lange, lange gut österreichisch und schon seit Kaiser Franz Josefs Zeiten der Monarchie angegliedert ist.

So bedauerlich nun auch der, man möchte fast sagen, überflüssige Verlust von Menschenleben bei dieser abermaligen Erstürmung von Serajewo immerhin sein mag, so bietet doch der Verlauf des Feldzuges im allgemeinen und der der Schlacht im besondern eine solch reiche Fülle gewonnener strategischer Erfahrung, daß füglich die Schattenseiten mehr als ausgwetzt gelten können.

Da kann man nur sagen: das bringt das rauhe Kriegshandwerk halt schon so mit sich.

Pardohn, aber wo Licht is, da ist halt auch Schatten.

Und dann ist der Krieg eben eine notwendige Sach, das haben selbst die scharfsinnigsten Köpfe vom Zivil eingstehen müssen.

Ich für meinen Teil wenigstens möcht die Erinnerung an meine Kriegszeit net um alles in der Welt missen. Wenn ich mir so denk und mir dabei meinen martialischen Schnurrbart streich, wird mir immer so ganz eigen, man kann das gar net so recht mit Worten sagen. — Man ist halt doch wer, und wenn einem ein Feuerwehrmann oder so von weitem begegnet und sieht die Allerhöchste Dekoration, schon salutiert er stramm oder macht „Habt Acht". Und wenn man an einem öffentlichen Ort oder so in den Rasen tritt, traut sich halt doch keiner was sagen. No, und gar erst die Madeln!

Ja, wie gsagt, pardohn, aber ich für meinen Teil möcht die Erinnerung an meine Kriegsjahr net missen!!

Bal macabre

Lord Hopeleß hatte mich aufgefordert, doch an seinem Tisch zu sitzen, und stellte mich den Herren vor.

Es war spät nach Mitternacht, und ich habe mir die meisten Namen nicht gemerkt.

Den Doktor Zitterbein kannte ich schon früher.

„Sie sitzen ja immer allein, es ist schade,“ hatte er gesagt und mir die Hand geschüttelt, — „warum sitzen Sie immer allein?“

Ich weiß, daß wir nicht viel getrunken hatten und dennoch unter jenem feinen, unmerklichen Rausche standen, der uns manche Worte nur wie von weitem hören läßt, und wie ihn die Nachtstunden bringen, wenn Zigarettenrauch und Weiberlachen und seichte Musik uns umhüllt.

Daß aus einer Cancanstimmung wie dieser — aus einer Atmosphäre von Zigeunermusik, Cake-Walk und Champagner ein Gespräch über phantastische Dinge auftauchen konnte?! Lord Hopeleß erzählte etwas.

Von einer Brüderschaft, die allen Ernstes existiere, — von Menschen, besser gesagt, von Toten oder Scheintoten, — Leuten aus besten Kreisen, die im Munde der Lebenden schon seit langem gestorben seien, sogar auf dem Friedhof Leichensteine und Grüfte mit Namenszug und Todesdatum besäßen, in Wirklichkeit aber in jahrelangem, ununterbrochenem Starrkrampfe irgendwo in der Stadt, im Innern eines altmodischen Hauses bewacht von einem buckligen Diener mit Schnallenschuhen und gepuderter Perücke, den man den gefleckten Aron nenne, — empfindungslos, geschützt vor Verwesung, in Schubladen lägen. — In gewissen Nächten trete ihnen ein mattes, phosphoreszierendes Leuchten auf die Lippen, und damit sei dem Krüppel das Zeichen gegeben, eine geheimnisvolle Prozedur an den Halswirbeln dieser Scheinleichen vorzunehmen. Sagte er.

Frei könnten ihre Seelen dann umherschweifen — auf kurze Zeit von ihren Leibern gelöst — und sich den Lastern der Großstadt hingeben. Mit einer Intensität und einer Gier, die selbst nicht für den Raffiniertesten ausdenkbar sei.

Unter anderem fände da ein vampyrartiges, zeckenhaftes Sichansaugen an die von Laster zu Laster taumelnden Lebenden statt, — ein Stehlen, ein Sichbereichern am Nervenkitzel der Massen. Sogar Satzungen habe dieser Klub, der übrigens den kuriosen Namen Amanita führen solle, — und Statuten und strenge Bestimmungen, die Aufnahme neuer Mitglieder betreffend. Doch darüber läge ein undurchdringlicher Schleier des Geheimnisses.

Das Ende dieses Gespräches des Lord Hopeleß konnte ich nicht mehr verstehen, zu laut fielen die Musikanten mit dem neuesten Gassenhauer ein:

„Ja, ja die Kla—re
Ist mir die wah—re.
Trala, trala, trala,
Tra—lalala—la.“

Die grotesken Verrenkungen eines Mulattenpaares, das dazu eine Art Niggercancan tanzte, all dies wirkte wie die wortlose Verstärkung des verstimmenden Einflusses, den die Erzählung auf mich genommen.

In diesem Nachtlokal mitten unter geschminkten Straßendirnen, frisierten Kellnern und brillant-hufeisengeschmückten Zutreibern bekam der ganze Eindruck etwas Lückenhaftes, Verstümmeltes und gerann in meinen Sinnen zu einem grauenvollen, halblebenden Zerrbild.

Wie wenn die Zeit in unbewachten Momenten plötzlich einen geräuschlos hastenden Schritt tue, verbrennen Stunden in unserm Rausche zu Sekunden, wie Funken in der Seele aufglimmend, um ein krankhaftes Geflecht kurioser, waghalsiger Träume, geschlungen aus wirren Begriffen, aus Vergangenheit und Zukunft zu beleuchten.

So höre ich noch aus dem Dunkel der Erinnerung heraus eine Stimme sagen: „Wir sollten dem Klub Amanita eine Karte schreiben."

Wie ich jetzt schließen kann, muß also das Gespräch immer wieder zum selben Thema zurückgekehrt sein.

Dazwischen dämmern mir Bruchstücke kleiner Wahrnehmungen auf, wie das Zerbrechen eines Likörglases, ein Pfiff, — dann, daß eine Französin auf meinem Knie gesessen, mich geküßt, mir Zigarettenrauch in den Mund geblasen und die Zungenspitze ins Ohr gesteckt habe. Später wieder schob man mir eine verschnörkelte Karte hin, ich solle mitunterschreiben, und mir fiel der Bleistift aus der Hand, — und dann ging es wieder nicht, weil mir die Kokotte ein Glas Champagner über die Manschette goß.

Deutlich weiß ich nur, wie wir alle mit einem Schlage ganz nüchtern wurden und in unseren Taschen, auf und unter dem Tische nach der Karte suchten, die Lord Hopeleß mit aller Gewalt zurückhaben wollte, die aber spurlos verschwunden blieb.

— — — — — — — — — — —

„Ja, ja die Kla—re
Ist mir die wah—re,"

kreischten die Geigen den Refrain und versenkten unser Bewußtsein immer wieder in tiefe Nacht.

Wenn man die Augen schloß, glaubte man sich auf einem dicken, schwarzen Samtteppich liegen —, aus dem nur vereinzelte rubinrote Blumen aufleuchteten.

„Ich will etwas zu essen haben," hörte ich jemand rufen, — — „was, — was? — — Kaviar — Blödsinn. Bringen Sie mir — bringen Sie mir, na — bringen Sie mir eingemachte Schwämme."

Und wir aßen alle saure Schwämme, die mit einem würzigen Kraut in einer fadenziehenden, wasserhellen Flüssigkeit schwammen.

„Ja, ja die Kla—re
Ist mir die wah—re.
Trala, trala, trala,
Tra—lalala—la."

— — — — — — — — — — —

Da saß plötzlich an unserem Tische ein seltsamer Akrobat in einem schlotterigen Trikot und rechts daneben ein maskierter Buckliger mit einer weißen Flachsperücke.

Neben ihm ein Weib; und alle lachten.

Wie ist er nur hereingekommen, mit — denen? und ich drehte mich um: außer uns war niemand mehr im Saal.

Ach was, dachte ich mir, — — ach was.

Es war ein sehr langer Tisch, an dem wir saßen, und der größte Teil des Tischtuches schimmerte weiß, — leer von Tellern und Gläsern.

„Monsieur Phalloides, tanzen Sie uns doch etwas vor," sagte einer der Herren und schlug dem Akrobaten auf die Schulter.

Sie sind vertraut miteinander, träumte ich mir zurecht, wahr — — wahrscheinlich sitzt er schon lange hier, der — der — — — das Trikot.

Und dann sah ich den Buckligen zu seiner Rechten an, und seine Blicke begegneten meinen. Er trug eine weißlackierte Maske und ein verschossenes, hellgrünes Wams, ganz zerlumpt und voll aufgenähter Flecken.

Von der Straße!

Wenn er lachte, war es wie ein schwirrendes Rasseln.

„Crotalus! — Crotalus horridus," fiel mir ein Wort aus der Schulzeit ein; ich wußte seine Bedeutung nicht mehr, aber ich schauderte, wie ich es mir leise vorsagte.

Da fühlte ich die Finger der jungen Dirne unterm Tisch an meinem Knie.

„Ich heiße Albine Veratrine," flüsterte sie stockend, als wolle sie ein Geheimnis verraten, wie ich ihre Hand faßte.

Sie rückte dicht neben mich, und ich erinnerte mich dunkel, daß sie mir einmal ein Glas Champagner über die Manschette gegossen hatte. — — Ihre Kleider strömten einen beißenden Geruch aus, man mußte fast nießen, wenn sie sich bewegte.

„Sie heißt natürlich Germer, — Fräulein Germer, wissen Sie," sagte der Doktor Zitterbein laut.

Da lachte der Akrobat kurz auf und sah sie an und zuckte mit den Achseln, als ob er etwas Entschuldigendes sagen wolle.

Ich ekelte mich vor ihm, er hatte handbreite Hautentartungen am Halse — wie ein Truthahn, aber krausenartig — ringsherum und von blasser Farbe. Und sein mattfleischfarbenes Trikot schlotterte an ihm von oben bis unten, weil er engbrüstig und mager war. Auf dem Kopfe trug er einen flachen, grünlichen Deckel mit weißen Tupfen und Knöpfen. Er war aufgestanden und tanzte mit einer, die hatte eine Kette gesprenkelter Beeren um den Hals.

Sind neue Frauenzimmer hereingekommen? fragte ich Lord Hopeleß mit den Augen.

„Es ist die Ignatia — meine Schwester," sagte Albine Veratrine, und wie sie das Wort „Schwester" sagte, blinzelte sie mich aus den Augenwinkeln an und lachte hysterisch.

Dann streckte sie mir plötzlich die Zunge heraus, und ich sah, daß sie einen trockenen, langen, roten Streifen mitten darauf hatte, und entsetzte mich.

Es ist wie eine Vergiftungserscheinung, dachte ich mir, warum hat sie einen roten Streifen? — — Es ist wie eine Vergiftungserscheinung.

Und wieder hörte ich wie von weitem die Musik:

„Ja, ja die Kla—re
Ist mir die wah—re";

und ich wußte bei geschlossenen Augen, wie alle im Takt dazu mit den Köpfen nickten. — — — —

Es ist wie eine Vergiftungserscheinung, träumte ich und wachte in einem Kälteschauer auf:

Der Bucklige in dem grünen, fleckigen Wams hatte eine Dirne auf dem Schoße und zupfte ihr mit eckig zuckenden Händen, wie im Veitstanz und als wolle er den Rhythmus einer unhörbaren Musik angeben, die Kleider ab.

Dann stand Doktor Zitterbein mühsam auf und knöpfte ihr die Achselbänder los.

— — — — — — — — — — —

„Zwischen Sekunde und Sekunde liegt immer eine Grenze, die ist nicht in der Zeit, die ist nur gedacht. Das sind so Maschen, wie bei einem Netz" — hörte ich den Buckligen reden, — „und diese Grenzen zusammengezählt sind noch immer keine Zeit, aber wir denken sie doch, — einmal, noch einmal, noch eine, eine vierte — —

Und wenn wir nur in diesen Grenzen leben und die Minuten und Sekunden vergessen und nicht mehr wissen, — dann sind wir gestorben, dann leben wir den Tod.

Ihr lebet fünfzig Jahre lang, davon stiehlt euch die Schule zehn: sind vierzig.

Und zwanzig frißt der Schlaf: sind zwanzig.

Und zehn sind Sorgen, macht zehn.

Und fünf Jahre regnet es: bleiben fünf.

Von diesen fürchtet ihr euch vier hindurch vor morgen', so lebet ihr ein Jahr — — vielleicht!

Warum wollt ihr nicht sterben?!

Der Tod ist schön.

Da ist Ruhe, immer Ruhe.

Und kein Sorgen vor morgen.

Da ist die schweigende Gegenwart, die ihr nicht kennt, da ist kein Früher und kein Später.

Da liegt die schweigende Gegenwart, die ihr nicht kennt! — Das sind die verborgenen Maschen zwischen Sekunde und Sekunde im Netz der Zeit."

— — — — — — — — — — —

Die Worte des Buckligen sangen in meinem Herzen, und ich blickte auf und sah, wie dem Mädchen das Hemd heruntergefallen war und sie nackt auf seinem Schoße saß. Sie hatte keine Brüste und keinen Leib — nur einen phosphoreszierenden Nebel vom Schlüsselbein zur Hüfte.

5*

Und er griff mit den Fingern in den Nebel hinein, da schnarrte es wie Baßsaiten, und rasselnd fielen Stücke Kesselstein heraus. — So ist der Tod, fühlte ich, — wie Kesselstein.

Da hob sich langsam die Mitte des weißen Tischtuches wie eine große Blase, — ein eisiger Luftzug wehte und verwehte den Nebel. Glitzernde Saiten kamen ans Licht, die zogen sich vom Schlüsselbein der Dirne bis zur Hüfte. Ein Wesen, halb Harfe, halb Weib!

Der Bucklige spielte darauf, träumte mir, ein Lied von Tod und Lustseuche, das klang in einen fremdartigen Hymnus aus:

„In Leiden kehrt sich um die Lust,
In Wohl gewiß nicht, — sicherlich!
Wer Lust ersehnt, wer Lust erkürt,
Erkürt sich Leid, ersehnt sich Leid:
Wer nimmer Lust ersehnt, erkürt,
Erkürt, ersehnt sich nimmer Leid."

Und mir kam ein Heimweh nach dem Tode bei diesen Strophen und ich sehnte mich nach dem Sterben.

Doch im Herzen bäumte sich das Leben auf — ein dunkler Trieb. Und Tod und Leben standen drohend einander gegenüber; das ist der Starrkrampf.

Mein Auge war unbeweglich, und der Akrobat beugte sich über mich, und ich sah sein schlotteriges Trikot, den grünlichen Deckel auf seinem Kopf und die Halskrause.

„Starrkrampf," wollte ich lallen und konnte nicht.

Wie er von einem zum andern ging und ihnen lauernd ins Gesicht blickte, wußte ich, wir sind gelähmt: er ist wie ein G i f t s c h w a m m.

Wir haben giftige Schwämme gegessen und Veratrum album dabei, das Kraut des weißen Germers.

Das alles sind Nachtgesichte!

Ich wollte es laut rufen und konnte nicht.

Ich wollte zur Seite sehen und konnte nicht.

Der Bucklige mit der weißlackierten Maske stand leise auf, und die anderen folgten ihm und ordneten sich schweigend in Paare.

Der Akrobat mit der Französin, der Bucklige mit der menschlichen Harfe, Ignatia mit Albine Veratrine. — So zogen sie im fersenzuckenden Cake-Walkschritt zu zwei und zwei in die Wand hinein.

Einmal noch drehte sich Albine Veratrine nach mir um und machte eine obszöne Bewegung.

Ich wollte meine Augen zur Seite drehen oder die Lider schließen und konnte nicht, — ich mußte immer die Uhr sehen, die an der Wand hing, und wie ihre Zeiger wie diebische Finger um das Zifferblatt schlichen.

Dabei tönte mir in den Ohren das freche Couplet:

„Ja, ja die Kla—re
Ist mir die wah—re.
Trala, trala, trala, —
Tra—lalala—la",

und wie ein Basso ostinato predigte es in der Tiefe:

„In Leiden kehrt sich um die Lust:
Wer nimmer Lust ersehnt, erkürt,
Erkürt, ersehnt sich nimmer Leid."

Ich genas von dieser Vergiftung nach langer, langer Zeit, die andern aber sind alle begraben.

Sie waren nicht mehr zu retten, — hat man mir gesagt, — als Hilfe kam.

Ich aber ahne, man hat sie scheintot bestattet, wenn auch der Arzt sagt, Starrkrampf komme nicht von giftigen Schwämmen, Muskarinvergiftung sei anders; — ich ahne, man hat sie alle scheintot begraben und muß schaudernd an den Klub Amanita denken und den gespenstischen buckligen Diener, den gefleckten Aron mit der weißen Maske.

Hony soit qui mal y pense

„Du, Fredy, was bedeutet denn eigentlich die rote, riesige ‚29‘ dort drüben über dem Podium?“

„Na, weißt du, Gibson, du stellst manchmal Fragen!? — Was die ‚29‘ bedeutet! — Weshalb sind wir denn hier? — weil Silvester ist — Silvester 1929!“ —

Die Herren lachten alle über Gibsons Zerstreutheit.

Graf Oskar Gulbransson, der unten im Saale stand, blickte zur Brüstung empor, und als er die fröhlichen Gesichter mit den modischen, lang herabhängenden Schnurrbartspitzen à la chinois über dem verschnörkelten Geländer sah, mußte er unwillkürlich mitlachen und rief hinauf: „Jemand einen Witz gemacht, eh? — Messieurs, wenn Sie wüßten, wie furchtbar lustig Sie mit Ihren mongolisch glattrasierten Schädeln da oben auf dem goldenen Balkon aussehen! — Wie Vollbluttataren. — Warten Sie, ich komme auch hinauf, ich muß nur meine Dame auf ihren Sitz führen. — Es fängt nämlich gleich an —: die Komtesse Zeiteles wird ein Lied von Knut Sperling singen und der Komponist sie-selber auf der Harfe begleiten, kurz: — [er legte die Hände wie Schalldämpfer an die Wangen] — es wird schau—der—haft!“

„Wirklich ein prachtvoller alter Aristokrat, dieser Graf Oskar, — riesig vornehm, und wie er durch das gelbe Seidengewimmel da unten schießt, wie ein Hecht,“ sagte einer der Herren, ein Russe, namens Zybin. „Ich habe neulich ein Bild von ihm in der Hand gehabt, wie er vor fünfundzwanzig Jahren oder so ungefähr, aussah, — Frack, — ganz schwarz

— von anno dazumal, aber trotzdem verdammt elegant."

„Muß übrigens eine scheußliche Mode gewesen sein; schon die Idee, sich anliegend und noch dazu schwarz zu kleiden," warf Fred Hamilton dazwischen, „wenn da auf einem Balle ein paar Herren bei einer Dame standen, mußte das ja rein aussehen, als ob sich Raben um ein Aas — — — — — — —"

„In galanten Vergleichen leisten Sie wirklich Übernatürliches, Fredy," unterbrach der Graf, der etwas atemlos, so schnell war er die Stufen heraufgelaufen, hinzutrat, — „aber jetzt rasch, Messieurs, ein Glas Sekt, ich habe mich von Frau von Werie bereits verabschiedet und möchte mich recht, recht, recht amüsieren."

„Apropos, Graf, wer ist das junge Mädchen dort?" fragte Gibson, der immer noch von der Balustrade in den oval gebauten Saal hinabsah, aus dem eine Flut von hellroten Polstern, zu Sitzen für die Zuschauer aufeinandergelegt, in entzückendem Kontrast zu den goldgelben türkischen Pluderhosen der Damen und den eine Nüance dunkleren Togavestons der Herren hervorleuchtete.

„Welche meinen Sie, lieber Gibson?"

„Die dekolletierte dort."

Allgemeine Heiterkeit.

„Sie sind wirklich köstlich, Gibson; — die dekolletierte! — Es sind doch alle dekolletiert! — Aber ich weiß, wen Sie meinen, — die kleine Chinesin, nicht wahr, neben dem Professor R. mit dem schlecht rasierten Kopf? — Das ist ein Fräulein von Chün-lüntsang. — — — — Ah, da ist ja schon der Champagner!"

Ein livrierter Pavian war vorgetreten und wies zum Zeichen, daß der Wein serviert sei, mit seiner zottigen Hand auf den schillernden Vorhang, der den Hintergrund des Balkons abschloß.

„Eigentlich für Affen eine sehr kleidsame Tracht," bemerkte ein Herr halblaut, um das Tier, das mittels Hypnose dressiert war und jedes Wort verstand, nicht zu kränken.

„Besonders die Idee, die Knöpfe mit Nummern zu versehen, ist sehr sinnreich, — dadurch kann man sie voneinander unterscheiden," setzte Fredy hinzu. „Übrigens erinnert das an die kriegerisch lächerlichen Zeiten vor fünfundzwanzig Jahren — — —"

Der dröhnende Schall einer Tritonmuschel schnitt ihm das Wort ab: das Konzert begann.

Die Bogenlampen erloschen, und der Saal in seinem zarten Schmuck aus japanischen Pfirsichblüten und Efeu versank in tiefe Finsternis.

„Gehen wir, Messieurs, es ist höchste Zeit, — sonst überrascht uns der Gesang," flüsterte der Graf, und man schlich auf den Zehen in das Trinkzelt.

Hier war alles schon vorbereitet, — die Atlaspolster im Kreise geordnet und zum Sitzen oder Liegen geschlichtet, kleine Wannen aus Chinaporzellan daneben, voll Nelkenblätter zum Trocknen der Finger; — die Sektkelche, mit dem perlenden Gemisch von indischem Soma und Champagner soeben angefüllt, staken in Schulterhöhe in goldenen Drahtschlingen, die vom Plafond herabhängend durch rhythmisch leises Erzittern den Wein in stetem Moussieren erhielten.

Von den Zeltwänden strahlte gleichmäßig mildes Kaltlicht aus und floß in märchenhaftem Glanze über die weichen seidenen Teppiche.

„Ich glaube, heute bin ich an der Reihe?" sagte Monsieur Choat, ein kirgisischer Edelmann. „Jumbo, Jumbo," — und er rief in den winzigen Schalltrichter an dem Metallstab, der mitten vom Boden des Gemaches empor durch einen Ausschnitt im Plafond bis zur vollen Höhe des Hauses reichte; — „Jumbo, Jumbo, die Kugel, rasch, rasch!"

Im nächsten Augenblick glitt der Affe lautlos aus der Dunkelheit die Stange herab, befestigte eine kopfgroße, geschliffene Beryllkugel an zwei Schlingen und verschwand behende wieder in die Höhe.

Der Kirgise zog sein Mescal-Etui hervor und warf den weiten Seidenärmel zurück: „Darf ich vielleicht einen der Herren bitten?!" —

Geschickt brachte ihm der Graf mit einer Pravazschen

Spritze eine Injektion am Arme bei: „So, das wird gerade für eine oder zwei Visionen ausreichen."

Monsieur Choat schob die Beryllkugel ein wenig höher, so daß er sie bequem fixieren konnte, und lehnte sich zurück: „Also — worauf soll ich meine Gedanken richten, meine Herren?"

„Auf den neuen Propheten in Shambhala, — Szenen aus einer römischen Arena, — Orionnebel, — Buddha im Stiftungsgarten Kosambi," riefen alle durcheinander; jeder wollte etwas anderes. —

„Wie wäre es, wenn Sie einmal erforschen wollten, wo eigentlich das Paradies gestanden haben mag," schlug Graf Oskar vor.

Gibson benützte die günstige Gelegenheit und schlüpfte unbemerkt aus dem Zelt, er hatte dies visionäre Schauen — diesen neuen Sport — nachgerade satt bis zum Überdruß; — was kam dabei heraus? Farbenprächtige Halluzinationen, die jeder schilderte, so lebendig er konnte, — und was es eigentlich sei, ob unbewußte Gedanken, die der Beryll reflektierte, ob vergessene Vorstellungen aus früherem Dasein, war doch niemand zu sagen imstande.

Er trat an die Brüstung und schaute hinab.

Harfenakkorde, durchbrochen von abgerissen gesungenen Tönen, die zuweilen im Hintergrunde von einem jähen intensiven Aufblitzen eines Lichtfunkens, — rot, blau, grün, — begleitet waren, zitterten durch die Dunkelheit. — Moderne Musik!

Er lauschte gespannt diesen aufregenden Weckrufen, die seltsam ruckweise an das Herz brandeten, als sollten sie beim nächsten Pulsschlag die durch das Leben dünngeschabten Scheidewände der Seele zu neuer, unerhörter Verzückung durchbrechen.

Der Saal da unten lag in Finsternis, nur die Diamantagraffen im Haar und am Halse der Frauen und Mädchen warfen funkelnd den Schein von winzigen Radiumperlen, die wie Leuchtkäfer grünlich erglommen, auf in Opalpuder schimmernde Busen.

Unbeweglich standen die Herren hinter ihren Damen, und hie und da sah man die vergoldeten Fingernägel aufblitzen, wenn sie, Kühlung zufächelnd mit der Hand, in die unmittelbare Nähe des phosphoreszierenden Haarschmuckes gerieten.

Gibson mühte sich den Platz herauszufinden, wo Fräulein von Chün-lün-tsang sitzen mußte. — Noch heute wollte er den Grafen bitten, ihn vorzustellen — — — —, da faßte ihn jemand am Arm und zog ihn höflich in das Zelt zurück.

„Ach verzeihen Sie, lieber Gibson, wenn wir Sie gestört haben, — aber Sie sind ja ein großer Schriftgelehrter, und Monsieur Choat hat da so merkwürdige Visionen im Beryll gehabt und meint, daß sie sich wirklich auf das Paradies, — den Garten Eden, — beziehen könnten."

„Ja, denken Sie nur, eine vorsintflutliche unendlich üppige Landschaft erschien mir," bestätigte der Kirgise, „dabei Nordlicht, unsagbar prachtvoll, — weiß mit rosa Rändern, wie Spitzen herabhängend vom Himmel, und die Sonne, glühend rot, zog am Horizont entlang, ohne unterzugehen; es war, als ob sich das Firmament im Kreise drehe und — — —"

„Das sind doch alles die Himmelszeichen des Polarkreises, nicht war? — Denken Sie nur, die Wiege der Menschheit auf dem Nordpol!" unterbrach Graf Oskar. — „Übrigens tropisches Klima war tatsächlich in grauer Vorzeit dort oben."

Gibson nickte mit dem Kopf: „Wissen Sie, daß das alles sehr merkwürdig ist, — wie heißt es denn nur schnell im Zendavesta? Ja: ‚Dort sah man die Sonne, die Sterne, den Mond einmal nur kommen und gehen im Jahr,' — und: — ‚es schien ein Jahr ein einz'ger Tag zu sein', auch steht in Rig-Veda, daß damals die Morgendämmerung tagelang am Himmel stand, ehe die Sonne aufging [die Herren stießen sich an: was der Mensch für ein unglaubliches Gedächtnis hat], und dann sagt schon Anaximenes — — —"

„Ich bitte dich um Gotteswillen, hör' schon auf mit deiner Gelehrsamkeit," rief Fredy und schlug den Vorhang zurück. — „Ah: die Musik ist aus."

Blendende Helle strömte herein.

Ein plätscherndes, pritschelndes, tätschelndes Geräusch erfüllte den Saal und wollte nicht enden. —

„Welch' ein Applaus, meine Herren, sehen Sie nur, wie der Opalpuder in die Luft steigt, — über die Brüstung kommt eine wahre Wolke herauf."

„Eine recht merkwürdige Mode, diese Art zu applaudieren," sagte jemand. „Daß sie übrigens dezent wäre, könnte man nicht — — —"

„Na, und wie weh das tun muß, — ich möchte keine Dame sein, bestimmt nicht — — — à propos, wissen sie nicht, Graf, wer die erste war, die diese Mode erfand?"

„Das kann ich Ihnen ganz genau sagen," sagte dieser lachend, „das war vor Jahren die Fürstin Juppihoy, eine sehr korpulente Dame, die gewettet hatte, die Menge werde ihr auch das nachmachen, — und sie hatte nicht nur die Courage, sondern auch — — — die Dekolletage dazu. — Sie können sich vorstellen, welches Entsetzen das damals erregte."

Wieder scholl das plätschernde, pritschelnde, tätschelnde Geräusch aus dem Saal empor.

Die kleine Gesellschaft schwieg nachdenklich.

„Warum eigentlich die Herren nicht auch mit applaudieren dürfen," sagte plötzlich Gibson träumerisch.

Einen Augenblick große Verblüffung, dann brachen alle in ein stürmisches, schallendes Gelächter aus.

Gibson wurde rot: „Aber ich meinte es doch gar nicht so; hony soit qui mal y pense." — —

Die Heiterkeit verdoppelte sich; Fred Hamilton wand sich auf seinem Polster: „Ha, ha, ha, um Gotteswillen, hör' auf, — ich sterbe, — mir scheint, du hast an deine kleine Chinesin gedacht."

Dröhnende Gongschläge hallten durch das Haus.

Der Graf hob sein Glas in die Höhe: „Messieurs, wollen Sie nicht anstoßen, so hören Sie doch," — vor Lachen konnte er kaum weitersprechen, — „Messieurs, — es schlägt soeben 24 Uhr, — prosit Neujahr 1929, prosit, prosit!" —

Blamol

„Wahrhaftiglich, ohne Betrug und gewiß, ich sage dir: so wie es unten ist, ist es auch oben."

Tabula smaragdina

Der alte Tintenfisch saß auf einem dicken blauen Buch, das man in einem gescheiterten Schiffe gefunden hatte, und sog langsam die Druckerschwärze heraus.

Landbewohner haben gar keinen Begriff, wie beschäftigt so ein Tintenfisch den ganzen Tag über ist.

Dieser da hatte sich auf Medizin geworfen und von früh bis Abend mußten die beiden armen kleinen Seesterne — weil sie ihm soviel Geld schuldig waren — umblättern helfen.

Auf dem Leibe — dort wo andere Leute die Taille haben — trug er einen goldenen Zwicker. — Ein Beutestück. Die Gläser standen weit ab — links und rechts —, und wer zufällig durchsah, dem wurde gräßlich schwindelig.

— — — — Tiefer Friede lag ringsum. — —

Mit einem Mal kam ein Polyp angeschossen, die sackförmige Schnauze vorgestreckt, die Fangarme lang nachschleppend wie ein Rutenbündel, und ließ sich neben dem Buche nieder. — Wartete, bis der Alte aufschaute, grüßte dann sehr tief und wickelte eine Zinnbüchse mit eingepreßten Buchstaben aus sich heraus.

„Sie sind wohl der violette Pulp aus dem Steinbuttgäßchen?" fragte gnädig der Alte. „Richtig, richtig, habe ja ihre Mutter gut gekannt, — geborene ‚von Octopus'. (Sie, Barsch, bringen Sie mir 'mal den Gothaschen Polypenalmanach her.) Nun, was kann ich für Sie tun, lieber Pulp?"

„Inschrift, — ehüm, chüm — Inschrift — lesen," hüstelte der verlegen (er hatte so eine schleimige Aussprache) und deutete auf die Blechbüchse.

Der Tintenfisch stierte auf die Dose und machte gestielte Augen wie ein Staatsanwalt:

„Was sehe ich, — Blamol!? — Das ist ja ein unschätzbarer Fund. — Gewiß aus dem gestrandeten Weihnachtsdampfer? — Blamol — das neue Heilmittel, — je mehr man davon nimmt, desto gesünder wird man!

Wollen das Ding gleich öffnen lassen. Sie, Barsch, schießen Sie mal zu den zwei Hummern rüber, — Sie wissen doch, Korallenbank, Ast II, Brüder Scissors, — aber rasch."

Kaum hatte die grüne Seerose, die in der Nähe saß, von der neuen Arznei gehört, huschte sie sogleich neben den Polypen: — — Ach, sie nahm so gerne ein; — ach, für ihr Leben gern! —

Und mit ihren vielen hundert Greifern führte sie ein entzückendes Gewimmel auf, daß man kein Auge von ihr abwenden konnte. —

Hai — fisch! — war sie schön! Der Mund ein bißchen groß zwar, doch das ist gerade bei Damen so pikant.

Alle waren vergafft in ihre Reize und übersahen ganz, daß die beiden Hummern schon angekommen waren und emsig mit ihren Scheren an der Blechbüchse herumschnitten, wobei sie sich in ihrem tschnetschenden Dialekt unterhielten. —

Ein leiser Ruck, und die Dose fiel auseinander.

Wie ein Hagelschauer stoben die weißen Pillen heraus und — leichter als Kork — verschwanden sie blitzschnell in die Höhe.

Erregt stürzte alles durcheinander: „Aufhalten, aufhalten!"

Aber niemand hatte rasch genug zugreifen können. Nur der Seerose war es geglückt, noch eine Pille zu erwischen und sie schnell in den Mund zu stecken.

Allgemeiner Unwillen; — am liebsten hätte man die Brüder Scissors geohrfeigt.

„Sie, Barsch, Sie haben wohl auch nicht aufpassen können? — Wozu sind Sie eigentlich Assistent bei mir?!"

War das ein Schimpfen und Keifen! Bloß der Pulp konnte kein Wort herausbringen, hieb nur wütend mit den geballten Fangarmen auf eine Muschel, daß das Perlmutter krachte.

Plötzlich trat Totenstille ein: — Die Seerose!

Der Schlag mußte sie getroffen haben: sie konnte kein Glied rühren. Die Fühler weit von sich gestreckt, wimmerte sie leise.

Mit wichtiger Miene schwamm der Tintenfisch hinzu und begann eine geheimnisvolle Untersuchung. 'Mit einem Kieselstein schlug er gegen einen oder den anderen Fühler oder stach hinein. (Hm, hm, Babynskisches Phänomen, Störung der Pyramidenbahnen.) Nachdem er schließlich mit der Schärfe seines Flossensaumes der Seerose einige Male kreuz und quer über den Bauch gefahren war, wobei seine Augen einen durchdringenden Blick annahmen, richtete er sich würdevoll auf und sagte: „Seitenstrangsklerose. — Die Dame ist gelähmt."

„Ist noch Hilfe? Was glauben Sie? Helfen Sie, helfen Sie, — ich schieß rasch in die Apotheke," rief das gute Seepferd.

„Helfen?! — Herr, sind Sie verrückt? Glauben Sie vielleicht, ich habe Medizin studiert, um Krankheiten zu heilen?" Der Tintenfisch wurde immer heftiger. „Mir scheint, Sie halten mich für einen Barbier, oder wollen Sie mich verhöhnen? Sie, Barsch, — Hut und Stock, — ja!"

Einer nach dem andern schwamm fort: „Was einen hier in diesem Leben doch alles treffen kann, schrecklich — nicht?"

Bald war der Platz leer, nur hin und wieder kam der Barsch mürrisch zurück, nach einigen verlorenen oder vergessenen Dingen zu suchen.

* * *

Auf dem Grunde des Meeres regte sich die Nacht. Die Strahlen, von denen niemand weiß, woher sie kommen und wohin sie entschwinden, schwebten wie Schleier in dem grünen Wasser und schimmerten so müde, als sollten sie nie mehr wiederkehren.

Die arme Seerose lag unbeweglich und sah ihnen nach in herbem Weh, wie sie langsam, langsam in die Höhe stiegen.

Gestern um diese Zeit schlief sie schon längst, zur Kugel geballt, in sicherem Versteck. — Und jetzt? — Auf offener Straße umkommen zu müssen, wie ein — Tier! — Luftperlen traten ihr auf die Stirne.

Und morgen ist Weihnachten!!

An ihren fernen Gatten mußte sie denken, der sich, weiß Gott wo, herumtrieb. — Drei Monate nun schon Tangwitwe! Wahrhaftig, es wäre kein Wunder gewesen, wenn sie ihn hintergangen hätte.

Ach, wäre doch wenigstens das Seepferd bei ihr geblieben! —

Sie fürchtete sich so! —

Immer dunkler wurde es, daß man kaum mehr die eigenen Fühler unterscheiden konnte.

Breitschultrige Finsternis kroch hervor hinter Steinen und Algen und fraß die verschwommenen Schatten der Korallenbänke.

Gespenstisch glitten schwarze Körper vorüber — mit glühenden Augen und violett aufleuchtenden Flossen. — Nachtfische! — Scheußliche Rochen und Seeteufel, die in der Dunkelheit ihr Wesen treiben. — — — Mordsinnend hinter Schiffstrümmern lauern. —

Scheu und leise wie Diebe, öffnen die Muscheln ihre Schalen und locken den späten Wanderer auf weichen Pfühl zu grausigem Laster.

In weiter Ferne bellt ein Hundsfisch.

— — — Da zuckt durch die Ulven heller Schein: Eine leuchtende Meduse führt trunkene Zecher heim; — Aalgigerln mit schlumpigen Muränendirnen an der Flosse.

Zwei silbergeschmückte junge Lachse sind stehen

geblieben und blicken verächtlich auf die berauschte Schar. Wüster Gesang erschallt:

„In dem grünen Tange — —
hab' ich sie gefragt,
Ob sie nach mir verlange. — —
Ja, hat sie gesagt.
Drauf hat sie sich gebückt —
und ich hab' sie gezwickt.
Ach im grünen Tange . . . .“

„No, no, aus dem Weg da, Sö, — Sö Frechlachs — Sö,“ brüllt ein Aal plötzlich.

Der Silberne fährt auf: „Schweigen Sie! Sie haben's nötig, weanerisch zu reden. Glauben wohl, weil Sie das einzige Viech sind, das nicht im Donaugebiet vorkommt — —“

„Pst, pst,“ beschwichtigt die Meduse, „schämen Sie sich doch, schauen Sie dorthin!“ —

Alle verstummen und blicken voll Scheu auf einige schmächtige, farblose Gestalten, die sittsam ihres Weges ziehen.

„Lanzettfischchen,“ flüsterte einer.

? ? ? ? ?

— — — „O, das sind hohe Herren, — Hofräte, Diplomaten und so. — Ja die sind schon von Geburt dazu bestimmt, wahre Naturwunder: Haben weder Gehirn noch Rückgrat.“ —

Minuten stummer Bewunderung, dann schwimmen alle friedlich weiter.

Die Geräusche verhallen. — Totenstille senkt sich nieder

Die Zeit rückt vor. — Mitternacht, die Stunde des Schreckens.

Waren das nicht Stimmen? — Crevetten können es doch nicht sein, — jetzt so spät?! —

Die Wache geht um: Polizeikrebse! —

Wie sie scharren mit gepanzerten Beinen, über den Sand knirschend ihren Raub in Sicherheit bringen.

Wehe, wer ihnen in die Hände fällt; — vor keinem Verbrechen scheuen sie zurück, — — und ihre Lügen gelten vor Gericht wie Eide.

Sogar der Zitterrochen erbleicht, wenn sie nahen.

Der Seerose stockt der Herzschlag vor Entsetzen, sie, eine Dame, wehrlos, — auf offenem Platze! — Wenn sie sie erblicken! Sie werden sie vor den Polizeirat, den schurkischen Meineidkrebs, schleppen, — den größten Verbrecher der Tiefsee — und dann — und dann — —

Sie nähern sich ihr — — jetzt — — ein Schritt noch, und Schande und Verderben werden die Fänge um ihren Leib schlagen.

Da erbebt das dunkle Wasser, die Korallenbäume ächzen und zittern wie Tang, ein fahles Licht scheint weit hin.

Krebse, Rochen, Seeteufel ducken sich nieder und schießen in wilder Flucht über den Sand, Felsen brechen und wirbeln in die Höhe.

Eine bläulich gleißende Wand — so groß wie die Welt — fliegt durch das Meer.

Näher und näher jagt der Phosphorschein: die leuchtende Riesenflosse der Tintorera, des Dämons der Vernichtung, fegt einher und reißt abgrundtiefe glühende Trichter in das schäumende Wasser.

Alles dreht sich in rasender Hast. Die Seerose fliegt durch den Raum in brausende Weiten, hinauf und hinab — über Länder von smaragdenem Gischt. —

Wo sind die Krebse, wo Schande und Angst! Das brüllende Verderben stürmt durch die Welt. — Ein Bacchanal des Todes, ein jauchzender Tanz für die Seele.

Die Sinne erlöschen, wie trübes Licht.

Ein furchtbarer Ruck. — Die Wirbel stehen, und schneller, schneller, immer schneller und schneller drehen sie sich zurück und schmettern auf den Grund, was sie ihm entrissen.

Mancher Panzer brach da.

Als die Seerose nach dem Sturze endlich aus tiefer Ohnmacht erwachte, fand sie sich auf weiche Algen gebettet.

Das gute Seepferd — es war heute gar nicht ins Amt gegangen — beugte sich über das Lager.

Kühles Morgenwasser umfächelte ihr Gesicht, sie blickte um sich. Schnattern von Entenmuscheln und das fröhliche Meckern einer Geisbrasse drang an ihr Ohr.

„Sie befinden sich in meinem Landhäuschen," beantwortete das Seepferd ihren fragenden Blick und sah ihr tief in die Augen. „Wollen Sie nicht weiter schlafen, gnädige Frau, es würde Ihnen gut tun!"

Die Seerose konnte aber beim besten Willen nicht. Ein unbeschreibliches Ekelgefühl zog ihr die Mundwinkel herunter.

„War das ein Unwetter heute nacht; mir dreht sich noch alles vor den Augen von dem Gewirbel," fuhr das Seepferd fort. „Darf ich Ihnen übrigens mit Speck — so einem recht fetten Stückchen Matrosenspeck aufwarten?"

Beim bloßen Hören des Wortes Speck überkam die Seerose eine derartige Übelkeit, daß sie die Lippen zusammenpressen mußte. — Vergebens. Ein Würgen erfaßte sie (diskret blickte das Seepferd zur Seite), und sie mußte erbrechen. Unverdaut kam die Blamolpille zum Vorschein, stieg mit Luftblasen in die Höhe und verschwand.

Gott sei Dank, daß das Seepferd nichts bemerkt hatte. —

Die Kranke fühlte sich plötzlich wie neugeboren.

Behaglich ballte sie sich zusammen.

O Wunder, sie konnte sich wieder ballen, konnte ihre Glieder bewegen wie früher.

Entzücken über Entzücken!

Dem Seepferd traten vor Freude Luftbläschen in die Augen. „Weihnachten, heute ist wirklich Weihnachten," jubelte es ununterbrochen, „und das muß ich gleich dem Tintenfisch melden; Sie werden sich unterdessen recht, recht ausschlafen."

„Was finden Sie denn so Wunderbares an der plötzlichen Genesung der Seerose, mein liebes Seepferd?" fragte der Tintenfisch und lächelte mild. „Sie sind ein Enthusiast, mein junger Freund! Ich rede zwar sonst prinzipiell mit Laien (Sie, Barsch, einen Stuhl für den Herrn) nicht über die medizinische Wissenschaft, will aber diesmal eine Ausnahme machen und trachten, meine Ausdrucksweise Ihrem Auffassungsvermögen möglichst anzupassen. Also, Sie halten Blamol für ein Gift und schieben seiner Wirkung die Lähmung zu. O, welcher Irrtum! Nebenbei bemerkt ist Blamol längst abgetan, es ist ein Mittel von gestern, heute wird allgemein Idiotinchlorür angewandt (die Medizin schreitet nämlich unaufhaltsam vorwärts). Daß die Erkrankung mit dem Schlucken der Pille zusammentraf, war bloßer Zufall — alles ist bekanntlich Zufall —, denn erstens hat Seitenstrangsklerose ganz andere Ursachen, die Diskretion verbietet mir, sie zu nennen, und zweitens wirkt Blamol wie alle diese Mittel gar nicht beim Einnehmen, sondern lediglich beim Ausspucken. Auch dann natürlich nur günstig.

Und was endlich die Heilung anbelangt? — Nun, da liegt ein deutlicher Fall von Autosuggestion vor. — In Wirklichkeit (Sie verstehen, was ich meine: ‚Das Ding an sich' nach Kant) ist die Dame genau so krank wie gestern, wenn sie es auch nicht merkt. Gerade bei Personen mit minderwertiger Denkkraft setzen Autosuggestionen so häufig ein. — Natürlich will ich damit nichts gesagt haben, — Sie wissen wohl, wie hoch ich die Damen schätze: ‚Ehret die Frauen, sie flechten und weben — — —' — Und jetzt, mein junger Freund, genug von diesem Thema, es würde Sie nur unnötig aufregen. — A propos, — Sie machen mir doch abends das Vergnügen? Es ist Weihnacht und — meine Vermählung."

„Wa —? — Vermä — — —," platzte das Seepferd heraus, faßte sich aber noch rechtzeitig: „O, es wird mir eine Ehre sein, Herr Medizinalrat."

„Wen heiratet er denn?" fragte es beim Hinausschwimmen den Barsch. — „Was Sie nicht sagen: die Miesmuschel?? — Warum nicht gar! — Schon wieder so eine Geldheirat."

6*

Als abends die Seerose, etwas spät, aber mit blühendem Teint an der Flosse des Seepferdes in den Saal schwamm, wollte der Jubel kein Ende nehmen. Jeder umarmte sie, selbst die Schleierschnecken und Herzmuscheln, die als Brautjungfern fungierten, legten ihre mädchenhafte Scheu ab.

Es war ein glänzendes Fest, wie es nur reiche Leute geben können; die Eltern der Miesmuschel waren eben Millionäre und hatten sogar ein Meerleuchten bestellt.

Vier lange Austernbänke waren gedeckt. — Eine volle Stunde wurde schon getafelt, und immer kamen noch neue Leckerbissen. Dazu kredenzte der Barsch unablässig aus einem schimmernden Pokal (natürlich die Öffnung nach unten) hundertjährige Luft, die aus der Kabine eines Wracks stammte.

Alles war bereits angeheitert. — Die Toaste auf die Miesmuschel und ihren Bräutigam gingen in dem Knallen der Korkpolypen und dem Klappern der Messermuscheln völlig unter.

Das Seepferd und die Seerose saßen am äußersten Ende der Tafel, ganz im Schatten, und achteten in ihrem Glück kaum der Umgebung.

„Er" drückte „ihr" zuweilen verstohlen den einen oder anderen Fühler, und sie lohnte ihm dafür mit einem Glutblick.

Als gegen Ende des Mahles die Kapelle das schöne Lied spielte:

„Ja küssen, —
scherzen
mit jungen Herrn
ist selbst bei Frauen
sehr modern,"

und sich dabei die Tischnachbarn der beiden verschmitzt zublinzelten, da konnte man sich dem Eindruck nicht verschließen, daß die allgemeine Aufmerksamkeit hier allerlei zarte Beziehungen mutmaßte.

Der Saturnring

Die Jünger kamen tappend Schritt um Schritt die Wendeltreppe herauf.

Im Observatorium quoll die Dunkelheit, und an den blanken Messingrohren der Teleskope rieselte in dünnen kalten Strahlen das Sternenlicht herab in den runden Raum.

In Funkenbündeln konnte man es an die metallenen Pendel spritzen sehen, die von der Decke hingen, wenn man sich langsam hin und her wandte und ließ die Augen schweifen.

Die Finsternis des Fußbodens schluckte die glitzernden Tropfen, die von den glatten, blinkenden Maschinen rannen.

„Der Meister nimmt heute den Saturn auf," sagte Wijkander nach einer Weile und wies mit dem Finger auf das große Fernrohr, das wie der steife, nasse Fühler einer goldenen Riesenschnecke aus dem Nachthimmel herein durch die Luke ragte. Keiner der Jünger widersprach; nicht einmal erstaunt waren sie, als sie nah zum Glase traten und fanden Axel Wijkanders Worte bestätigt.

„Mir ist es ein Rätsel; — wie kann ein Mensch nur — in halber Dunkelheit so aus der bloßen Stellung des Fernrohrs erkennen, auf welchen Stern das Glas zeigt?" meinte einer bewundernd. „Wie wissen Sie es so bestimmt, Axel?"

„Ich fühle, das Zimmer ist voll von dem erstickenden Einfluß des Saturn, Doktor Mohini. Glauben Sie mir, die Teleskope saugen aus den Sternen, auf die sie gerichtet sind, wie lebendige Trichter, und ziehen die Strahlen, die sichtbaren wie die finstern, herab in die Wirbel ihrer Brennlinsen!

Wer, — wie ich seit langem, — mit sprungbereiten Sinnen die Nächte durchlauert, der lernt nicht nur den feinen unmerklichen Hauch der Gestirne fühlen und sondern und nimmt ihr Fluten und Ebben wahr und wie sie sich unseres Hirns bemächtigen mit lautlosem Griff, unsere Vorsätze verlöschen, um andere an ihre Stelle zu schieben — wie sie haßerfüllt schweigend miteinander ringen, diese tückischen Kräfte, um die Vorherrschaft, das Schiff unseres Geschickes zu lenken — — —, der lernt auch wachend träumen und sehen, wie um gewisse Nachtstunden die seelenlosen Schemen der abgestorbenen Himmelskörper lebensgierig sich in das Reich der Sichtbarkeit schleichen und durch fremdartig zögerndes Gebärdenspiel, das ein unbestimmtes namenloses Grauen in unserer Seele weckt, rätselhafte Verständigung tauschen — — — —. Doch machen wir Licht, leicht könnten wir die Gegenstände verrücken auf den Tischen — so im Finstern —, und der Meister hat es nie geliebt, daß man die Dinge stört auf ihren Plätzen." —

Einer der Freunde trat zur Wand und tastete nach den elektrischen Lampen. Man hörte das leise zischende Suchen seiner Fingerspitzen, die an der Mauervertiefung umherfuhren, — dann wurde es mit einem Schlage Licht, und der messinggelbe Glanz der Metallpendel und Teleskope lachte grell auf im Raum.

Der Nachthimmel, der eben noch seine weiche sammetene Haut schmeichelnd an die Fenster geschmiegt, war plötzlich zurückgefahren und verbarg sein Antlitz jetzt weit, weit droben in dem eisigen Raume hinter den Sternen.

„Das ist die große runde Flasche — —, dort, Doktor," sagte Wijkander, „von der ich Ihnen gestern sprach und die dem Meister zu seinem letzten Experimente diente.

Und von diesen beiden Metallpolen an den Wänden — sehen Sie hier — gingen die Wechselströme aus, die sogenannten Hertzschen Wellen, und hüllten die Flasche in ein elektrisches Feld.

Sie haben uns gelobt, Doktor, über alles, was Sie sehen und erfahren werden, unverbrüchliches Stillschweigen zu bewahren und uns mit Ihren Kenntnissen als Irrenarzt beizustehen, so gut es eben geht.

Glauben Sie nun wirklich, wenn der Meister jetzt kommen und in der Meinung, unbeobachtet zu sein, Dinge vollführen wird, die ich Ihnen wohl andeutete, unmöglich aber weiter enthüllen darf, daß Sie durch seine äußern Handlungen unbeeinflußt bleiben und bloß durch stumme Beobachtung seines ganzen Wesens feststellen können, ob Irrsinn ganz ausgeschlossen ist?

Werden Sie Ihre wissenschaftlichen Vorurteile so weit unterdrücken können, daß Sie, wenn es sein muß, offen eingestehen: Ja, es ist ein mir fremder Geisteszustand, vielleicht jener hochschlafähnliche, der Turya-Trance heißen soll —, es ist etwas, das die Wissenschaft nie gesehen hat —, Irrsinn aber ist es nicht?

Werden Sie den Mut haben, das offen einzugestehen, Doktor? — Sehen Sie, nur die Liebe, den Meister vor Verderben zu schützen, hat uns den schweren Schritt wagen lassen, Sie hierher zu führen und vielleicht Dinge sehen lassen zu müssen, die noch niemals das Auge eines Ungeweihten erblickt hat."

Doktor Mohini sah vor sich hin. „Ich werde ehrlich tun, was ich vermag, und auf alles Rücksicht nehmen, was Sie verlangten und mir gestern anvertrauten; — wenn ich aber alles wohl überlege, so möchte ich mir an den Kopf greifen. — Gibt es denn wirklich eine Wissenschaft, eine wahrhaft verborgene Weisheit, die ein unübersehbar weites Feld von Dingen erforscht haben will und beherrscht, von deren bloßer Existenz wir nicht einmal gehört haben sollen?!

Sie reden da nicht nur von Magie, — von schwarzer und weißer Magie; ich höre Sie von den Geheimnissen eines grünen, verborgenen Reiches reden und von unsichtbaren Bewohnern einer violetten Welt!

Sie selbst treiben — — violette Magie, sagen Sie, — gehören einer uralten Brüderschaft an, die aus grauer Vorzeit her diese Geheimnisse und Arkana zu bewahren hat.

Und von der ‚Seele' reden Sie wie von etwas Erwiesenem! — Ein feiner stofflicher Wirbel soll das sein, der Träger eines präzisen Bewußtseins?!

Und nicht nur das, — Ihr Meister soll eine solche Seele in diesem Glasbehälter dort eingesperrt haben, indem er die Flasche mit dem Hertzschen Oscillator umspült hält?! — Ich kann mir nicht helfen, aber das ist doch, weiß Gott, hellichter — — — — — —"

Axel Wijkander stieß ungeduldig seinen Stuhl zurück, trat verstimmt an das große Fernrohr und blickte hinein.

„Ja, was können wir Ihnen wohl sonst sagen, Doktor Mohini," meinte endlich zögernd einer der Freunde. „— Es ist eben so; — der Meister hat durch lange Zeit in dieser Flasche eine menschliche Seele isoliert gehalten, hat die hemmenden Hüllen von ihr gelöst, eine nach der andern, wie man wohl die Hüllen von einer Meerzwiebel löst, hat ihre Kräfte verfeinert und — eines Tages war sie eben entwichen, hatte die Glaswand und das isolierende elektrische Feld durchdrungen, — war entflohen!" — — — —

In diesem Augenblicke unterbrach ein lauter Ruf Axel Wijkanders den Sprecher, und alle blickten erstaunt auf.

Wijkander rang nach Atem: „Ein Ring, ein gezackter Ring.

Weißlich durchbrochen, es ist unglaublich, unerhört," schrie er. „Ein neuer Ring, ein neuer Saturnring hat sich gebildet!" —

Einer nach dem andern sah in das Glas und konnte sich vor Staunen kaum fassen.

Doktor Mohini, der nicht Astronom war und das Auftreten eines Phänomens wie das der Bildung eines neuen Saturnringes weder zu deuten noch in seiner ungeheuern Tragweite zu würdigen wußte, hatte kaum einige Fragen zu stellen begonnen, als man schwere Männertritte die Wendeltreppe heraufkommen hörte.

„An eure Plätze, um Gottes willen, — drehet das Licht ab, der Meister kommt," befahl Wijkander in wilder Hast, „und Sie, Doktor, bleiben in Ihrer Nische verborgen, was auch immer geschehen möge, hören Sie! Sieht Sie der Meister, so ist alles verloren."

Einen Augenblick später war das Observatorium wieder völlig dunkel und totenstill.

Die Schritte kamen näher und näher, eine Gestalt in weißem Seidentalar betrat den Raum und zündete eine winzige Lampe auf dem Tische an, die einen blendenden engen Lichtkreis warf.

„Es zerreißt mir die Seele," flüsterte Wijkander seinem Nachbar ins Ohr, — „der arme, arme Meister, wie der Gram seine Züge durchfurcht hat."

Jetzt trat der Alte zum Teleskop, sah lange hinein und wankte wie gebrochen zum Tisch zurück.

„Von Stunde zu Stunde wächst der Ring — jetzt hat er sogar Zacken bekommen, es ist furchtbar," hörte man den Adepten verzweifelt klagen und sah ihn in heißem Schmerze das Gesicht in die Hände vergraben.

Eine lange, lange Zeit saß er so, und die Jünger in ihren Verstecken weinten leise vor sich hin.

Endlich sprang er auf in wildem Entschlusse, rollte die Flasche herbei in die Nähe des Fernrohrs und legte drei Gegenstände, deren Form nicht zu unterscheiden war, daneben auf den Boden.

Dann kniete er sich steif hin in die Mitte des Zimmers und bildete mit den Armen und dem Oberleib seltsame Stellungen, die geometrischen Figuren und Winkelmaßen glichen; — zugleich murmelte er eintönige Sätze, aus denen von Zeit zu Zeit langgezogene heulende Vokale hervorklangen. — —

„Allbarmherziger Gott, beschirme seine Seele, es ist die Beschwörung des Typhon," flüsterte entsetzt Wijkander den andern zu, — „er will die entflohene Seele aus dem Weltall zurückzwingen. — Mißlingt es, ist er dem Selbstmord verfallen; — Brüder, achtet scharf auf mein Zeichen und dann springt zu.

Und haltet eure Herzen fest, die Nähe schon des Typhon macht die Herzkammern bersten!"

Der Adept kniete immer noch unbeweglich und die Vokale wurden lauter und heulender.

Die kleine Flamme auf dem Tisch warf trüben Schein, begann zu schwelen und glomm wie ein glühendes Auge durch den Raum, und es schien, als nehme ihr Licht nach und nach unter kaum merklichem Zucken eine grünlich violette Farbe an.

Das Murmeln des Beschwörers hatte ganz aufgehört, nur in langen, regelmäßigen Pausen gellte seine Stimme die Vokale hervor, die markerschütternd die Luft durchschnitten.

Sonst kein Laut. Eine Stille, so furchtbar und aufregend wie nagende Todespein. — —

Das Gefühl, als seien alle Dinge ringsum zu Asche zerfallen — und als sinke der Raum mit rasender Schnelle irgendwohin in einer unerklärlichen Richtung, immer tiefer hinab und hinab in das erstickende Reich der Vergangenheit, legte sich auf alle.

Dann plötzlich ein tappendes, schlammiges Klatschen quer durch das Zimmer wie von einem nassen, unsichtbaren Geschöpf, das sich in kurzen hastigen Sprüngen vorüberschnellt.

Violett schimmernde Handflächen erscheinen auf dem Fußboden, rutschen unschlüssig tastend hin und her, wollen sich erheben aus dem Reiche der Fläche zu Körpern und fallen kraftlos wieder zurück. Fahle schemengleiche Wesen — die hirnlosen, grauenhaften Überbleibsel der Toten — haben sich von den Wänden gelöst und gleiten umher, ohne Sinn, ohne Ziel, halbbewußt, mit den taumelnden, schlenkernden Bewegungen idiotischer Krüppel, blasen unter geheimnisvoll blödsinnigem Lächeln die Backen auf, — langsam, ganz langsam und verstohlen, als wollten sie irgendein unerklärliches verderbenbringendes Vorhaben bemänteln — oder stieren tückisch ins Weite, um plötzlich vorwärts zu schießen — blitzartig gleich Vipern —, eine kleine Strecke.

Geräuschlos fallen von der Decke blasige Körper, rollen sich auf und kriechen umher: — die weißen gräßlichen Spinnen, die die Sphären der Selbstmörder bevölkern und aus verstümmelten Kreuzesformen das Fangnetz der Vergangenheit weben, das unaufhörlich wächst und wächst von Stunde zu Stunde.

Eisiger Schrecken weht im Raum, — das Unfaßbare außerhalb alles Denkens und Verstehens Liegende, die würgende Todesangst, die keine Wurzel mehr hat und auf keiner Ursache mehr fußt —: das formlose Muttertier des Entsetzens.

Da dröhnt dumpfes Fallen über den Boden hin, Doktor Mohini ist tot niedergestürzt.

Sein Gesicht steht im Nacken, der Mund weit aufgebrochen. „Haltet die Herzen fest, der Typhon — —" hört man noch Axel Wijkander schreien, dann bricht von allen Seiten eine Flut entfesselter Geschehnisse herein, eines das andere überstürzend. — Die große Flasche zerspringt in tausende, seltsam geformte Splitter, die Wände geben phosphoreszierenden Schein.

An den Rändern der Luken und Fensternischen setzt eine fremdartige Verwesung ein, die den harten Stein in eine gedunsene Masse wie blutleeres entartetes Zahnfleisch verwandelt, — sich mit der Schnelligkeit leckender Flammen weiterfrißt, Decke und Mauern ergreifend.

Taumelnd ist der Adept aufgesprungen, — hat in Geistesverwirrung ein spitzes Opfermesser erfaßt und es sich in die Brust gestoßen.

Wohl sind ihm die Jünger in den Arm gefallen, die tiefe Wunde jedoch, aus der jetzt das Leben sickert, können sie nicht mehr schließen. —

Die strahlende Helle der elektrischen Lampen ist wieder Siegerin im runden Raum des Observatoriums, und verschwunden sind die Spinnen und die Schemen und die Fäulnis.

Zersplittert aber liegt die Flasche, deutliche Brandspuren bedecken den Boden, und der Meister verblutet auf einer Matte. Nach dem Opfermesser haben sie vergeblich gesucht. Unter dem Teleskop, mit verkrampften Gliedern, liegt die Leiche Mohinis auf der Brust, und das Gesicht — nach oben gedreht — grinst verzerrt im Todesschrecken zur Decke empor.

Die Jünger umstehen des Meisters Lager, und ihrem Flehen, sich zu schonen, wehrt er mild: „Lasset mich zu euch sprechen und grämt euch nicht.

Mein Leben hält keiner mehr, und meine Seele ist voll der Sehnsucht, zu vollbringen, was sie im Körper nicht vermocht.

Habt ihr nicht gesehen, wie der Hauch der Verwesung durch dieses Haus schritt! Ein kurzer Augenblick noch, und er wäre stofflich geworden, — wie sich Nebel niederschlägt zu bleibendem Reif, — und die Sternwarte und alles darinnen, ihr und ich, wir wären jetzt Schimmel und Moder.

Die Sengspuren dort auf dem Fußboden, sie stammen von den Händen der haßerfüllten Bewohner des Abgrundes, die vergeblich nach meiner Seele griffen. Und so wie ihre Male hier eingebrannt stehen in Holz und Stein, wäre auch ihr anderes Werk bleibend und sichtsichtbar geworden, hättet ihr euch nicht mutvoll dazwischen geworfen.

Denn alles, was auf Erden ‚bleibend' ist, wie es die Toren nennen, ist vorher Spuk gewesen, — Spuk, sichtbar oder unsichtbar — und ist nichts mehr als e r s t a r r t e r Spuk.

Deshalb, was es auch sei, Schönes oder Häßliches, Erhabenes, Gutes oder Böses, Heiteres mit dem verborgenen Tode im Herzen oder Trauriges mit der verborgenen Heiterkeit im Herzen, — immer haftet etwas von Spuk daran.

Wenn auch nur wenige das Gespenstische fühlen in der Welt, so ist es doch da, ewig und immerwährend.

Es ist die Grundlehre unseres Bundes, daß wir die steilen Wände des Lebens emporklimmen sollen zur Spitze des Berges, wo der gigantische Magier steht und mit seinen Blendspiegeln die Welt da unten hervorzaubert aus trügerischen Reflexen!

Seht, da habe ich gerungen um das höchste Wissen, habe nach einem menschlichen Wesen gesucht, um es zu töten, der Erforschung seiner Seele wegen. Einen Menschen wollte ich opfern, der wahrhaft unnütz ist auf Erden; und ich mischte mich unter das Volk, unter Männer und Weiber, und wähnte ihn leicht zu finden.

Mit der Freude der Gewißheit ging ich zu Rechtsanwälten, zu Medizinern und Militär —; unter Gymnasialprofessoren hatte ich ihn beinahe schon gefaßt — beinahe!

Immer nur beinahe, denn stets war ein kleines, oft nur winziges heimliches Zeichen an ihnen, und zwang mich loszulassen.

Dann kam die Zeit, wo ich endlich darauf stieß. Nicht auf ein einzelnes Geschöpf — nein, auf eine ganze Schicht.

Wie man unversehens auf ein Heer von Mauerasseln stößt, wenn man im Keller einen alten Topf vom Boden hebt.

Die Pastoren‚weibse'!

Das war es!

Ich habe eine ganze Schnur von Pastorenweibsen belauscht, wie sie rastlos sich ‚nützlich machen', Versammlungen abhalten ‚zur Aufklärung von Dienstboten', für die armen Negerkinder, die sich der göttlichen Nacktheit freuen, warme scheußliche Strümpfe stricken, Sittlichkeit verteilen und protestantischbaumwollene Handschuhe; — und wie sie uns arme, geplagte Menschheit belästigen: man solle doch Stanniol sammeln, alte Korke, Papierschnitzel, krumme Nägel und anderen Dreck, damit — ‚nichts verkomme'! —

Und gar als ich sah, daß sie sich anschickten, neue Missionsgesellschaften auszuhecken und mit den Abwässern ‚moralischen' Aufkläricht die Mysterien der heiligen Bücher zu verdünnen, da war die Schale meines Grimmes voll.

Eine, — ein pinselblondes ‚deutsches' Biest, ein echtes Gewächs aus wendisch-kaschubischem Obotritenblut, hatte ich schon unter dem Messer, da sah ich, daß sie — — gesegneten Leibes war, und Mosis uraltes Gesetz gebot mir Halt.

Eine zweite fing ich ein, eine zehnte und hundertste, und immer waren sie — — gesegneten Leibes!

Da legte ich mich auf die Lauer Tag und Nacht — wie der Hund mit den Krebsen —, und so gelang es mir endlich, im richtigen Augenblick eine direkt aus dem Wochenbett herauszufangen.

Eine glatt gescheitelte sächsische Betthäsin mit blauen Gänseaugen war es.

Neun Monate lang hielt ich sie noch eingesperrt aus Gewissensgründen, vorsichtshalber, ob nicht am Ende doch noch etwas nachkäme oder eine Art jungfräulicher Vermehrung einträte, wie bei den Mollusken der Tiefsee durch ‚Abschnürung' oder dergleichen.

In den unbewachten Sekunden ihrer Gefangenschaft hat sie damals noch heimlich einen dicken Band geschrieben: ‚Herzensworte als Mitgabe für deutsche Töchter bei ihrer Aufnahme in den Kreis der Erwachsenen.' — — —

Aber ich habe das Buch rechtzeitig erwischt und sofort im Knallgasgebläse verbrannt — — — — —!

Als ich schließlich ihre Seele vom Körper losgetrennt und in der großen Glasflasche isoliert hielt, ließ mich eines Tages ein unerklärlicher Geruch nach Ziegenmilch Böses ahnen, und ehe ich noch den Hertzschen Oszillator, der offenbar einen Augenblick versagt hatte, wieder in Ordnung bringen konnte, war das Unglück bereits geschehen und die anima pastoris ♀ unwiederbringlich entwichen.

Augenblicklich wandte ich wohl die stärksten Lockmittel an, legte ein Paar Frauenunterhosen aus rosa Barchent (Schutzmarke ‚Lama') aufs Fensterbrett, einen elfenbeinernen Rückenkratzer, ja ein Poesiealbum aus giftblauem Sammet mit goldenen Geschwüren — aber alles umsonst!

Wandte nach den Gesetzen okkulter Telenergie magische Fernreize an, — vergebens!!

Eine destillierte Seele ist eben kaum zu fangen!

Nun lebt sie frei im Weltenraum und lehrt die arglosen Planetengeister die infernalische Kunst der weiblichen Handarbeit.

Und heute hat sie sogar um den Saturn — — — einen neuen Ring gehäkelt!!

Und das war zuviel für mich.

Ich habe wohl alles durchdacht und mein Hirn zermartert, — es blieben nur zwei Wege; der eine: Reizungen anwenden, — glich der Skylla, der andere, Reizungen unterlassen, war die Charybdis.

Ihr kennt ja die geniale Lehre des großen Johannes Müller, die da lautet: ‚Wenn man die Netzhaut des Auges belichtet oder drückt, erhitzt oder elektrisiert oder Reize auf sie ausübt, welche immer, so tauchen nicht etwa den verschiedenen objektiven Reizen entsprechende Empfindungen von Licht, Druck, Wärme, Elektrizität auf, sondern niemals andere als Sehempfindungen, und wenn man die Haut belichtet oder drückt, betönt oder elektrisiert, nie tauchen andere als Tastempfindungen auf mit allen ihren Folgen.‘

Und dieses unerbittliche Gesetz waltet auch hier, denn:

Wird auf den Wesenskern der Pastorenweibse ein Reiz ausgeübt, — welcher immer — so — — häkelt sie, — und bleibt er ungereizt — —“ des Meisters Stimme wurde leise und unirdisch „—, so — so vermehrt sie sich — — bloß.“ — — — — — —

Tot sank der Adept zurück.

Erschüttert faltete Axel Wijkander die Hände:

„Lasset uns beten, Brüder.

Er hat das Land des Friedens betreten; des bleibe seine Seele froh für und für!“

Das Gehirn

Der Pfarrer hatte sich so herzlich auf die Heimkehr seines Bruders Martin aus dem Süden gefreut, und als dieser endlich eintrat in die altertümliche Stube, eine Stunde früher, als man erwartet hatte, da war alle Freude verschwunden.

Woran es lag, konnte er nicht begreifen, er empfand es nur, wie man einen Novembertag empfindet, an dem die Welt zu Asche zu zerfallen droht.

Auch Ursula, die Alte, brachte anfangs keinen Laut hervor.

Martin war braun wie ein Ägypter und lächelte freundlich, als er dem Pfarrer die Hände schüttelte.

Er bleibe gewiß zum Abendessen zu Hause und sei gar nicht müde, sagte er. Die nächsten paar Tage müsse er zwar in die Hauptstadt, dann aber wolle er den ganzen Sommer daheim sein.

Sie sprachen von ihrer Jugendzeit, als der Vater noch lebte, — und der Pfarrer sah, daß Martins seltsamer melancholischer Zug sich noch verstärkt hatte.

„Glaubst du nicht auch, daß gewisse überraschende, einschneidende Ereignisse bloß deshalb eintreten müssen, weil man eine innere Furcht vor ihnen nicht unterdrücken kann?" waren Martins letzte Worte vor dem Schlafengehen gewesen. „Und weißt du noch, welch grauenhaftes Entsetzen mich schon als kleines Kind befiel, als ich einmal in der Küche ein blutiges Kalbshirn sah . . ."

Der Pfarrer konnte nicht schlafen, es lag wie ein erstickender, spukhafter Nebel in dem früher so gemütlichen Zimmer.

Das Neue, das Ungewohnte, — dachte der Pfarrer.

Aber es war nicht das Neue, das Ungewohnte, es war ein anderes, das sein Bruder hereingebracht hatte.

Die Möbel sahen nicht so aus wie sonst, die alten Bilder hingen, als ob sie von unsichtbaren Kräften an die Wände gepreßt würden. Man hatte das bange Ahnen, daß das bloße Ausdenken irgendeines fremden, rätselhaften Gedankens eine ruckweise, unerhörte Veränderung hervorbringen müsse. — Nur nichts Neues denken, — bleibe beim Alten, Alltäglichen, warnt das Innere. Gedanken sind gefährlich wie Blitze!

Martins Abenteuer nach der Schlacht bei Omdurman ging dem Pfarrer nicht aus dem Sinn: wie er in die Hände der Obeahneger gefallen war, die ihn an einen Baum banden — — — — — Der Obizauberer kommt aus seiner Hütte, kniet vor ihm hin und legt ein noch blutiges Menschengehirn auf die Trommel, die eine Sklavin hält.

Jetzt sticht er mit einer langen Nadel in verschiedene Partieen dieses Gehirns, und Martin schreit jedesmal wild auf, weil er den Stich im eigenen Kopfe fühlt.

Was hat das zu bedeuten?!

Der Herr erbarme sich seiner! ...

Gelähmt an allen Gliedern wurde Martin damals von englischen Soldaten ins Feldspital gebracht.

* * *

Eines Tages fand der Pfarrer seinen Bruder bewußtlos zu Hause vor.

Der Metzger mit seiner Fleischmulde sei gerade eingetreten, berichtete die alte Ursula, da plötzlich sei Herr Martin ohne Grund ohnmächtig geworden.

„Das geht so nicht weiter, du mußt in die Nervenheilanstalt des Professors Diokletian Büffelklein; der Mann genießt einen Weltruf," hatte der Pfarrer zu seinem Bruder gesagt, als dieser wieder zu sich gekommen war, und Martin willigte ein. —

* * *

„Sie sind Herr Schleiden? Ihr Bruder, der Pfarrer, hat mir bereits von Ihnen berichtet. Nehmen Sie Platz und erzählen Sie in kurzen Worten," sagte Professor Büffelklein, als Martin das Sprechzimmer betrat.

Martin setzte sich und begann:

„Drei Monate nach dem Ereignis bei Omdurman — Sie wissen — waren die letzten Lähmungserscheinungen ..."

„Zeigen Sie mir die Zunge — hm, keine Abweichung, mäßiger Tremor," unterbrach der Professor. „Warum erzählen Sie denn nicht weiter?" — — —

„... waren die letzten Lähmungserscheinungen —" setzte Martin fort.

„Schlagen Sie ein Bein über das andere. So. Noch mehr, so —" befahl der Gelehrte und klopfte sodann mit einem kleinen Stahlhammer auf die Stelle unterhalb der Kniescheibe des Patienten. Sofort fuhr das Bein in die Höhe.

„Erhöhte Reflexe," sagte der Professor. — „Haben Sie immer erhöhte Reflexe gehabt?"

„Ich weiß nicht; ich habe mir nie aufs Knie geklopft," entschuldigte Martin.

„Schließen Sie ein Auge. Jetzt das andere. Öffnen Sie das linke, so — jetzt rechts — gut — Lichtreflexe in Ordnung. War der Lichtreflex bei Ihnen stets in Ordnung, besonders in letzter Zeit, Herr Schleiden?"

Martin schwieg resigniert.

„Auf solche Zeichen hätten Sie eben achten müssen," bemerkte der Professor mit leichtem Vorwurf und hieß dem Kranken sich entkleiden.

Eine lange, genaue Untersuchung fand statt, während welcher der Arzt alle Kennzeichen tiefsten Denkens offenbarte und dazu lateinische Worte murmelte.

„Sie sagten doch vorhin, daß Sie Lähmungserscheinungen hätten, ich finde aber keine," sagte er plötzlich.

„Nein, ich wollte doch sagen, daß sie nach drei Monaten verschwunden seien," entgegnete Martin Schleiden.

„Sind Sie denn schon so lange krank, mein Herr?"

Martin machte ein verblüfftes Gesicht.

„Es ist eine merkwürdige Erscheinung, daß sich fast alle deutschen Patienten so unklar ausdrücken," meinte freundlich lächelnd der Professor; „da sollten Sie einmal einer Untersuchung auf einer französischen Klinik beiwohnen. Wie prägnant sich da selbst der einfache Mann ausdrückt. Übrigens hat es nicht viel auf sich mit Ihrer Krankheit. Neurasthenie, weiter nichts. — Es wird Sie wohl gewiß auch interessieren, daß es uns Ärzten — gerade in allerletzter Zeit — gelungen ist, diesen Nervensachen auf den Grund zu kommen. Ja, das ist der Segen der modernen Forschungsmethode, heute ganz genau zu wissen, daß wir füglich gar keine Mittel — Arzneien — anwenden können. — Zielbewußt das Krankheitsbild im Auge behalten! Tag für Tag! Sie würden staunen, was wir damit erzielen können. Sie verstehen! — Und dann die Hauptsache: Vermeiden Sie jede Aufregung, das ist Gift für Sie — und jeden zweiten Tag melden Sie sich bei mir zur Visite. — Also, nochmals: keine Aufregung!"

Der Professor schüttelte dem Kranken die Hand und schien infolge der geistigen Anstrengung sichtlich erschöpft.

— — — — — — — — — — — —

Das Sanatorium, ein massiver Steinbau, bildete das Eck einer sauberen Straße, die das unbelebteste Stadtviertel schnitt.

Gegenüber zog sich das alte Palais der Gräfin Zahradka hin, dessen stets verhängte Fenster den krankhaft ruhigen Eindruck der leblosen Straße verstärkte.

Fast nie ging jemand vorbei, denn der Eingang in das vielbesuchte Sanatorium lag auf der anderen Seite bei den Ziergärten, neben den beiden alten Kastanienbäumen.

— — — — — — — — — — — —

Martin Schleiden liebte die Einsamkeit, und der Garten mit seinen Teppichpflanzen, seinen Rollstühlen und launischen Kranken, mit dem langweiligen Springbrunnen und den dummen Glaskugeln war ihm verleidet.

Ihn zog die stille Straße an und das alte Palais mit den dunklen Gitterfenstern. Wie mochte es drinnen aussehen?

Alte verblichene Gobelins, verschossene Möbel, umwickelte Glaslüster. Eine Greisin mit buschigen, weißen Augenbrauen und herben, harten Zügen, die der Tod und das Leben vergessen hatte. —

Tag für Tag schritt Martin Schleiden das Palais entlang. —

In solchen öden Straßen muß man dicht an den Häusern gehen. —

Martin Schleiden hatte den ruhigen, eigentümlichen Schritt der Menschen, die lange in den Tropen gelebt haben. Er störte den Eindruck der Straße nicht; sie paßten so zueinander, diese weltfremden Daseinsformen.

Drei heiße Tage waren gekommen, und jedesmal begegnete er auf seinem einsamen Weg einem Alten, der stets eine Gipsbüste trug.

Eine Gipsbüste mit einem Bürgergesicht, das sich niemand merken konnte. —

Diesmal waren sie zusammengestoßen — der Alte war so ungeschickt.

Die Büste neigte sich und fiel langsam zu Boden. — Alles fällt langsam, nur wissen es die Menschen nicht, die keine Zeit haben zur Beobachtung. —

Der Gipskopf zerbrach, und aus den weißen Scherben quoll ein blutiges Menschengehirn. —

Martin Schleiden blickte starr hin, streckte sich und wurde fahl. Dann breitete er die Arme aus und schlug die Hände vors Gesicht.

Mit einem Seufzer stürzte er zu Boden. — —
— — — — — — — — — — —

Der Professor und die beiden Assistenzärzte hatten den Vorgang von den Fenstern zufällig mit angesehen.

Der Kranke lag jetzt im Untersuchungszimmer. Er war gänzlich gelähmt und ohne Bewußtsein.

Eine halbe Stunde später war der Tod eingetreten. —

Ein Telegramm hatte den Pfarrer ins Sanatorium berufen, der jetzt weinend vor dem Mann der Wissenschaft stand. „Wie ist das nur alles so rasch gekommen, Herr Professor?" —

„Es war vorauszusehen, lieber Pfarrer," sagte der Gelehrte. „Wir hielten uns streng an die Erfahrungen, die wir Ärzte im Laufe der Jahre in der Heilmethode gemacht haben, aber wenn der Patient selber nicht befolgt, was man ihm vorschreibt, so ist eben jede ärztliche Kunst verloren."

„Wer war denn der Mann mit der Gipsbüste?" unterbrach der Pfarrer.

„Da fragen Sie mich nach Nebenumständen, zu deren Beobachtung mir Zeit und Muße fehlt — lassen Sie mich fortfahren:

Hier in diesem Zimmer habe ich wiederholte Male Ihrem Bruder auf das ausdrücklichste die Enthaltung von jeglicher Art Aufregung verordnet. — Ärztlich verordnet! Wer nicht folgte, war Ihr Bruder. Es erschüttert mich selbst tief, lieber Freund, aber Sie werden mir recht geben: Strikte Befolgung der ärztlichen Vorschrift ist und bleibt die Hauptsache. Ich selbst war Augenzeuge des Unglücksfalles:

Schlägt der Mann in höchster Aufregung die Hände vor den Kopf, wankt, taumelt und stürzt zu Boden. Da war jede Hilfe natürlich zu spät. — Ich kann Ihnen schon heute das Ergebnis der Obduktion voraussagen: Hochgradige Blutleere des Gehirns, infolge diffuser Sklerosierung der grauen Hirnrinde. Und jetzt beruhigen Sie sich, lieber Mann, beherzigen Sie den Satz und lernen Sie daraus: Wie man sich bettet, so liegt man. —

Es klingt hart, aber Sie wissen, die Wahrheit will starke Jünger haben."

Der Buddha ist meine Zuflucht

Das hab' ich gehört:

Zu einer Zeit lebte ein alter Musiker in dieser Stadt; arm und verlassen. Das Zimmer, in dem er wohnte, in dem er einen Teil der Nacht zubrachte und einen Teil des Tages, war eng, düster, armselig, und in dem armseligsten, engsten, düstersten Viertel gelegen.

Nicht von je war der Alte so verlassen gewesen. An Jahre konnte er zurückdenken, an Jahre voll Pracht und Prunk — und was an Glanz die Erde dem Reichsten bietet, das hatte sie einst ihm geboten.

Was an Freude die Erde dem Freudvollen bietet, das hatte sie einst ihm geboten.

Was an Wonnen und Schönheit die Erde dem Glücklichen bietet und dem Schönen bietet, das hatte sie auch ihm geboten.

An einem Tage aber war die Wende in seinem Glücke gekommen. So wie an einem hellen Morgen die Sonne aufsteigt in wolkenlosem Himmel, ihren Höhepunkt erreicht an Klarheit, um dann niederzugehen und in trübes Dunkel zu tauchen, in dichtes Dunkel zu tauchen, in undurchdringliches Dunkel zu tauchen, dann unsichtbar wird, in Nacht versinkt.

Und als die Wende in seinem Glücke gekommen war und jeder neue Tag neues Unheil brachte, hatte er Hilfe im Gebet gesucht; — auf daß sein Untergang aufgehalten werde, auf den Knien gelegen lange und viele Nächte.

Aber Pracht und Prunk verblaßten, Freude und Glanz schwanden dahin, sein Reichtum zerbrach. Sein

Weib verließ ihn, sein Kind starb, als er in seiner Armut nichts mehr besaß, es zu pflegen.

Da hatte er um nichts mehr gebetet.

— So trat seine Seele in die Dunkelheit. —

Wie in tiefer Nacht, wenn Finsternis die Formen und Kanten und Farben der Dinge und Wesen verschlungen hat, und eines vom andern nicht mehr kann unterschieden werden, — wie in tiefer Nacht der Himmel sich leise, unmerklich hellt vom Schimmer des kommenden Mondes und flüsternd die verschwundenen Formen und Kanten der Dinge und Wesen zu einem andern Leben weckt, so tauchten leise, unmerklich, flüsternd aus dem Dunkel seines Herzens die Worte auf, die er einstmal vernommen, gelesen irgendwo, irgendwann in der Zeit seines Reichtums, — die Worte des Buddha:

„Daher schließ dich an Liebes nicht,
Geliebtes lassen ist so schlimm!
Kein Daseinsband verstricket den,
Dem nichts mehr lieb noch unlieb ist.
Aus Liebem sprießet Gram hervor,
Aus Liebem sprießet Furcht hervor,
Wer sich von Liebem losgesagt,
Hat keinen Gram und keine Furcht.
Dem Lebenstrieb entsprießt der Gram,
Dem Lebenstrieb entsprießt die Furcht:
Wer losgelöst vom Lebenstrieb,
Hat keinen Gram und keine Furcht."

— — — — — — — — — —

Da trat seine Seele in die Dämmerung.

Alles Wünschen und alles Hoffen war von ihm abgefallen, aller Gram, alle Gier, alles Leid, alle Freude.

Morgens, wenn er erwachte, sandte er seine Liebe und sein Mitleid nach Osten, nach Westen, nach Süden, nach Norden, nach oben, nach unten, und wenn er seine Arbeit begann, murmelte er: „Der Buddha ist meine Zuflucht", und wenn er sich schlafen legte, murmelte er: „Der Buddha ist meine Zuflucht."

Wenn er sein karges Mahl einnahm, wenn er trank, wenn er aufstand oder sich niedersetzte, wenn er fortging oder wiederkam, murmelte er: „Der Buddha ist meine Zuflucht."

Verschlossen wurden da die Tore seiner Sinne, daß Wünschen und Hassen, — Gier, Leid und Freude keinen Einlaß mehr fanden.

An Feiertagen, wenn die Glocken läuteten, — zuweilen —, holte er eine Glasplatte hervor und befestigte sie an seinem Tisch, schüttete feine Sandkörner darauf, und wenn er mit dem Bogen seines Cello an dem Rande des Glases niederstrich, daß es sang, schwingend und klingend, tanzte der Sand und bildete kleine, feine, regelmäßige Sterne. — Klangfiguren.

Und wie die Sterne und Formen entstanden, wuchsen und vergingen und wieder entstanden, gedachte er dumpf der Lehre des Buddha Gautama vom Leiden, von der Leidensentstehung, von der Leidensvernichtung, von dem zur Leidensvernichtung führenden Pfad. — —

„Der Buddha ist meine Zuflucht."

— — — — — — — — — —

In das Land zu ziehen, wo die Heiligen leben, die um nichts mehr zu beten haben —, wo einst der Erhabene, Vollendete geweilt — der Asket Gotamo — und den Weg zur Freiheit gewiesen, — war seine glühende Sehnsucht.

Dort zu suchen, zu finden den Kreis der wenigen, Erkorenen, die den lebendigen Sinn der Lehre behüten, den von Herz zu Herzen vererbten, unverdeuteten, unverwirrten, zur atmenden Kraft gewordenen, — war seine glühende Sehnsucht.

Und das Geld zu erwerben, nach Indien pilgern zu können, in das Land seiner glühenden Sehnsucht, spielte er mit verschlossenen Sinnen sein Cello in Schenken seit Tagen und Wochen und Monaten und vielen, vielen Jahren.

Wenn seine Gefährten ihm seinen schmalen Teil reichten, von dem, was sie ersammelt, dachte er an den Erhabenen, Vollendeten, — daß er Ihm wieder näher sei um einen Schritt: „Der Buddha ist meine Zuflucht."

Weiß und gebrechlich war er so geworden, da kam der Tag, der ihm die letzten noch fehlenden Kreuzer brachte.

— — — — — — — — — — — — — —

— — — — — — — — — — — — — — —

In seinem armseligen düstern Zimmer stand er und starrte auf den Tisch.

Was sollte das Geld dort auf dem Tisch!? — Warum hatte er es gesammelt?

Sein Gedächtnis war erloschen.

Er sann und sann, was sollte das Geld dort auf dem Tisch!

Sein Gedächtnis war erloschen.

Er wußte nichts mehr und konnte nicht mehr denken. Nur immer wieder und wieder, wie eine Welle aus den Wassern springt und zurückfällt, tauchte der Satz auf in seinem Hirn: „Der Buddha ist meine Zuflucht. Der Buddha ist meine Zuflucht."

Da öffnete sich die Türe, und sein Gefährte, der Geiger, ein mildtätiger, mitleidsvoller Mensch, trat herein.

Der Alte hörte ihn nicht und starrte auf das Geld.

„Wir sammeln heute für die Kinder der Armen," sagte endlich leise der Geiger.

Der Alte hörte ihn nicht.

„Wir sammeln heute für die Kinder derer, die vom Wege stehen.

Wir alle, arm und reich. — Daß sie nicht frieren und nicht verderben, nicht hungern. Daß sie gepflegt werden, wenn sie krank sind. — — —

Willst du nichts geben. Alter? — — — Und bist doch so reich!"

Der Alte begriff den Sinn der Worte kaum; das dumpfe Gefühl, er dürfe nichts wegnehmen, nichts hergeben von dem Gelde dort auf dem Tisch, hielt sein Herz fest wie ein Bann.

Er konnte nicht sprechen, ihm war, als hätte er diese Welt vergessen.

Ein Traumgesicht zog an ihm vorüber. — Er sah die glühende Sonne Indiens über regungslosen Palmen und schimmernden Pagoden und in der Ferne die weißen Berge blinken.

Die unbewegliche Gestalt Gautama Buddhas kam wie von weitem heran, und wie ein Echo hörte er im Herzen die kristallene Stimme des Vollendeten erklingen, wie sie einst im Walde bei Sumsūmaragiram die seltsamen Worte gesprochen:

„So seh' ich dich denn hier, Böser! — Laß die Hoffnung fahren: ‚Er sieht mich nicht!'

Wohl kenn' ich dich, Böser, laß die Hoffnung fahren: ‚Er kennt mich nicht' — Mārō bist du, der Böse.

Nicht den Vollendeten plage, nicht des Vollendeten Jünger. — —

Weiche von hinnen aus dem Herzen, Mārō, weiche von hinnen aus dem Herzen, Mārō."

Da fühlte der Alte, als lasse eine Hand von ihm. Er gedachte seines eigenen Kindes, — das gestorben, weil er in seiner Armut nicht hatte, es zu pflegen. — Dann nahm er all das Geld, das auf dem Tische lag, und gab es dem Geiger. — — — — — — — —
— — — — — — — — — — — — — — —

: „Der Buddha ist meine Zuflucht.
: Der Buddha ist meine Zuflucht."

— — — — — — — — — — — —

Der Geiger war fort, und der Alte hatte, wie an Feiertagen, — zuweilen —, wenn die Glocken läuteten, die Glasplatte hervorgeholt und am Tische befestigt.

Und feine Sandkörner darauf geschüttet.

Als er mit dem Bogen seines Cello an dem Rande des Glases niederstrich, daß es sang, schwingend und klingend, tanzte der Sand und bildete kleine, feine, regelmäßige Sterne.

Und wie die Sterne und Formen entstanden, wuchsen und vergingen und wieder entstanden, gedachte er dumpf der Lehre des Buddha Gautama vom Leiden, von der Leidensentstehung, von der Leidensvernichtung, von dem zur Leidensvernichtung führenden Pfad. Da begab es sich, daß durch das löchrige Dach des Zimmers eine Schneeflocke herab auf den Tisch fiel, einen

Augenblick verweilte und zerging. — Ein kleiner, feiner, regelmäßiger Stern.

Wie ein Blitz die Finsternis zerreißt, plötzlich — so war da das Licht der Erkenntnis in das Herz des Alten gefallen:

Töne, unerkannte, unhörbare, jenseitsliegende, sind der Ursprung dieser Flocken, dieser Sterne, sind der Ursprung der Natur, der Ursprung aller Formen, der Wesen und Dinge, sind der Ursprung dieser Welt.

Nicht ist diese Welt die wirkliche Welt: klar ward er sich dessen bewußt.

Nicht ist diese Welt die wirkliche, nicht entstehende, nichtvergehende, nichtwiederumentstehende Welt: — klar ward er sich dessen bewußt.

Und klaren bewußten Sinnes erkannte er des Weltalls verborgenen Pulsschlag und das Innere seines Herzens des Abgeklärten, Trieberstorbenen, Wahnversiegten, darinnen die Stille des Meeres herrschte und eine letzte Welle schlafengehend sprang und fiel:

„Der Buddha ist meine Zuflucht ...
Der Buddha ist meine Zuflucht."

Die Weisheit des Brahmanen

Wenn die Sonne hinter den Hügeln zu Grabe gegangen, wacht Nacht um Nacht ein grausiger Schreckensruf auf und flieht vor den haschenden Händen des Windes wie ein gescheuchtes blindes Tier der Finsternis aus dem Dschungel herüber zum Kloster.

Unaufhörlich, ohne die Stimme zu senken, ohne die Stimme zu erheben, ohne Atem zu holen, ohne leiser und ohne lauter zu werden. „Es ist die Maske Madhu des Dämons, die uralte, riesenhafte, die steingemeißelte, halbversunkene, die in den Sümpfen der Wildnis weiß mit leeren Augen aus den faulen Wassern starrt, — aus den faulen Wassern starrt," — hatten die Mönche geraunt — hatten die Mönche geraunt.

Er kündet die Pest, — Madhu der Dämon!

Und angsterfüllt war der Maharaja nach Norden geflohen mit seinem Gefolge.

„Wenn die Swamijis kommen, die heiligen Pilger, zur Feier des Festes des Bāla Gopāla und dieses Weges ziehen auf ihrer Fahrt, wollen wir fragen, warum die steinerne Maske in den Dschungeln nachts durch die Finsternis schreit," — hatten da die Einsiedler beschlossen.

— — — — — — — — — — — — — — — —

Und am Vorabend Bāla Gopāla waren die Swamijis die schimmernde Straße gezogen gekommen, schweigend, die Blicke gesenkt, — im trüben Mönchsgewand, — wie wandernde Tote — wie wandernde Tote.

Vier Männer, die die Welt von sich geworfen hatten.

Vier freudlose Leidlose, die die Bürde der Erregung von sich geworfen hatten.

Der Swami Vivekananda aus Trevandrum.

Der Swami Saradananda aus Shambhala.

Der Swami Abhedananda aus Mayavati.

Und ein vierter, uralter, aus der Kaste der Brahmanen, dessen Namen niemand mehr kannte — aus der Kaste der Brahmanen, dessen Namen niemand mehr kannte.

Sie hatten das Kloster betreten zur Rast, und geruht dort wachsam und bezähmten Sinnes von Abend bis Morgen.

Und als der Tag versunken war, hatte wieder der Wind den heulenden Schrei des Steingesichtes herübergeweht wie grausige Botschaft — wie grausige Botschaft.

Den heulenden Schrei, den unaufhörlichen, den nicht ansteigenden und nicht abfallenden, den unaufhörlichen — atemlosen.

Um die Zeit der ersten Nachtwache hatten die Einsiedler da den ehrwürdigen Brahmanen, dessen Namen niemand mehr kannte und der so alt war, daß Vishnu selber das Jahrhundert seiner Geburtsstunde vergessen hatte, dreimal von links umwandelt und dann nach der Ursache gefragt, die den Dämon, den riesenhaften, aus den Sümpfen weiß emporragenden, bewege, durch die Finsternis zu schreien.

Der Ehrwürdige aber hatte geschwiegen — aber hatte geschwiegen.

Wiederum zur Zeit der zweiten und dritten Nachtwache hatten die Mönche je dreimal den Verehrungswürdigen von links umwandelt und dann gefragt, warum des Nachts das steinerne Antlitz seinem Schreckensruf durch die Wildnis sende.

Und abermals und abermals hatte der Verehrungswürdige geschwiegen.

Als aber um die vierte Nachtwache die Einsiedler den Ehrwürdigen dreimal von links umwandelt und gefragt hatten, öffnete er seinen Mund und sprach:

„Nicht, ihr Einsiedler, ist es jener Madhu, mit der Maske aus weißem Felsen gemeißelt, der da schreiet ohne Unterlaß.

Wie sollte es denn, ihr Einsiedler, jener Dämon sein?!

Und nicht wird jener Klagelaut den Tag über durch die Sonne zum Schweigen gebracht.

Wie sollte denn, ihr Einsiedler, jener Klagelaut den Tag über durch die Sonne zum Schweigen gebracht werden?!

Bricht die Nacht herein, so wacht der Wind auf und weht von den Ufern der Sümpfe über die Wildnis und über die Wasser und trägt den Schall des Klagerufes her zum Kloster Santokh-Das — her zum Kloster Santokh-Das.

Der Klageruf aber tönt von Abend bis Morgen und von Morgen bis Abend — ohne Unterlaß — aus dem Munde eines Büßers, der der Erkenntnis entbehrt, — der der Erkenntnis entbehrt.

Niemand sonst, ihr Einsiedler, wüßte ich, der dort schrie — der dort schrie."

Also sprach der Verehrungswürdige.

— — — — — — — — — — — — — —

Die Mönche aber warteten, bis sich das Fest des Būla Gopāla gejährt, und baten sodann den Brahmanen, den uralten, dessen Namen keiner mehr kannte, daß er den Büßer beruhigen möge.

Und der Ehrwürdige erhob sich schweigend und wanderte im Morgengrauen zu den faulen Wassern hin.

Der klirrende Bambus schloß sich hinter seiner Gestalt, wie die Zähne der Silberkämme sich schließen, wenn die Tänzerinnen des Königs ihr langes Haar lösen.

Weithin durch das Dickicht weiß schimmert die Maske Madhu des Dämons und zeigt dem Weisen den Weg.

Halbversunken — das Antlitz zum Himmel starrend — die Augen leer.

Und der offene Mund — eine steinerne Grotte — haucht die eisige Luft der Felsenhöhlen empor.

Wie bebender Dampf steigt Sumpfdunst aus den brütenden Wassern und rieselt von dem kalten Steingesicht zurück in glitzernden Tropfen — in glitzernden Tropfen.

Von den leeren Augäpfeln rinnt es nieder und

furcht das glatte, gemeißelte Antlitz, daß es langsam schmerzreich die Mienen verzerrt von tausend zu tausend Jahren.

So weint Madhu der Dämon, — weint Madhu der Dämon.

Und auf seiner Stirne perlt der Todesschweiß — mittags, wenn die Wildnis glüht — mittags, wenn die Wildnis glüht.

— — — — — — — — — — — — — — — —

Da sah der Brahmane in einer Lichtung — den rechten Arm steif vorgestreckt — einen nackten Büßer stehen, und der schrie laut vor Schmerz. Unablässig, ohne einen Augenblick auszusetzen, ohne Atem zu schöpfen und ohne die Stimme sinken zu lassen.

Abgezehrt war er, daß seine Rückgratwirbel einem geflochtenen Zopfe glichen, seine Schenkel Stäben aus knorrigem Holz — — und seine Augen — eingesunken — schwarzen getrockneten Beeren — schwarzen getrockneten Beeren.

Die Hand des vorgestreckten Armes aber umkrampfte eine schwere eiserne Kugel mit Stacheln besetzt, und je mehr die Finger sie preßten, um so tiefer drangen die Spitzen ins Fleisch — Spitzen ins Fleisch.

Fünf Tage wartete da regungslos der Brahmane, und als der Asket auch nicht einen Augenblick — so lange wie ein kräftiger Mann Zeit gebraucht hätte, die Schultern zu heben und die Schultern wieder zu senken — aufhörte, vor Schmerzen zu schreien, umwandelte er ihn dreimal von links. — Dann blieb er an seiner Seite stehen.

„Pardon, mein Herr," sagte er sodann zu dem Büßer, — „Pardon, mein Herr," — und hüstelte diskret — „welcher Umstand mag es wohl sein, der Sie veranlaßt, Ihrem Schmerze rastlos Ausdruck zu verleihen? — ehüm, rastlos Ausdruck zu verleihen?"

— Schweigend wies der Büßer mit den Blicken auf die Stachelkugel in seiner Hand.

Da verfiel der Weise in tiefes Staunen.

Sein Geist tauchte hinab in den Abgrund des Seins

und des Reiches der Ursachen und verglich die Dinge, die da kommen werden, mit denen, die längst gestorben sind.

Der Sinn und der Wortlaut der Veden zog an seinem Gedächtnis vorüber, er aber fand nicht, was er suchte.

Immer tiefer versenkte er sich, und es schien, als sei im Grübeln sein Herzschlag gestorben und der flutende ebbende Atem erloschen — flutende, ebbende Atem erloschen.

Die Gräser der Sümpfe wurden braun und welkten dahin; der Herbst kam und rief die Blumen heim, und die Haut der Erde schauerte — Haut der Erde schauerte.

Und immer noch stand der Brahmane in tiefstem Sinnen.

Der tausendjährige Molch war aus dem Sumpfe gekrochen, hatte auf ihn gewiesen mit gesprenkeltem Finger und dem Ohrenhöhler und seiner Frau zugeraunt:

„O, ihn kenne ich wohl, uralt ist er und von unendlicher Weisheit, der verehrungswürdige Swami. Im Mittelpunkte der Erde, der meine Heimat ist, habe ich seinen Impfschein gelesen, den vergilbten, und weiß seinen Namen und Stand genau:

Der landesfürstliche Normalbrahmane a. D., der ehrwürdige Swami Heng-Tseu-Cha-Uph' Allemitan-anda aus Ko-Shirsh ist es — aus Ko-Shirsh ist es."

Das hatte der tausendjährige Molch dem Ohrenhöhler und seiner Frau zugeflüstert und hatte dann beide gefressen.

Der Weise aber war aufgewacht.

Und zu dem Asketen gewandt, sprach er gemessen: „La — la — lassen Sie die Kugel fallen, mein Herr!"

Und wie der Büßer die Hand öffnete, rollte die Kugel zur Erde, und einen Augenblick später war der Schmerz erloschen.

Juch—hu aber jodelte der Büßer, und freudig erregt und ledig der Pein entfernte er sich in Hechtsprüngen — entfernte er sich in Hechtsprüngen.

Das Wachsfigurenkabinett

„Es war ein guter Gedanke von dir, Melchior Kreuzer zu telegraphieren! — Glaubst du, daß er unserer Bitte Folge leisten wird, Sinclair? Wenn er den ersten Zug benutzt hat" — Sebaldus sah auf seine Uhr — „muß er jeden Augenblick hier sein."

Sinclair war aufgestanden und deutete statt jeder Antwort durch die Fensterscheibe.

Und da sah man einen langen schmächtigen Menschen eilig die Straße heraufkommen.

„Manches Mal gleiten Sekunden an unserm Bewußtsein vorbei, die uns die alltäglichsten Vorgänge so schreckhaft neu erscheinen lassen, — hast du es auch zuweilen, Sinclair? — Es ist, als sei man plötzlich aufgewacht und sofort wieder eingeschlafen und habe währenddessen einen Herzschlag lang in bedeutsame rätselvolle Begebnisse hineingeblickt."

Sinclair sah seinen Freund aufmerksam an. „Was willst du damit sagen?"

„Es wird wohl der verstimmende Einfluß sein, der mich in dem Wachsfigurenkabinett befiel," fuhr Sebaldus fort, „ich bin unsäglich empfindlich heute, — — — als soeben Melchior von weitem herankam und ich seine Gestalt immer mehr und mehr wachsen sah, je näher sie kam, — da lag etwas, was mich quälte, etwas — wie soll ich nur sagen — Nicht-Heimliches für mich darin, daß die Entfernung alle Dinge zu verschlingen vermag, ob es jetzt Körper sind oder Töne, Gedanken, Phantasien oder Ereignisse. Oder umgekehrt, wir sehen sie zuerst winzig von weitem, und langsam werden sie größer, — alle, alle, — auch die, die unstofflich sind und keine räumliche Strecke zurücklegen müssen. — Aber ich finde nicht die rechten Worte, fühlst du nicht, wie ich es meine? — Sie scheinen alle unter demselben Gesetze zu stehen!"

Der andere nickte nachdenklich mit dem Kopfe.

„Ja, und manche Ereignisse und Gedanken, die schleichen verstohlen heran, — als ob es ‚dort' — etwas wie Bodenerhebungen oder dergleichen gäbe, hinter denen sie sich verborgen halten könnten. — Plötzlich springen sie dann hinter einem Versteck hervor und stehen unerwartet, riesengroß vor uns da."

Man hörte die Türe gehen und gleich darauf trat Dr. Kreuzer zu ihnen in die Weinschenke.

„Melchior Kreuzer — Christian Sebaldus Obereit, Chemiker," stellte Sinclair die beiden einander vor.

„Ich kann mir schon denken, weshalb Sie mir telegraphiert haben," sagte der Angekommene. — „Frau Lukretias alter Gram!? Auch mir fuhr es in die Glieder, als ich den Namen Mohammed Daraschekoh gestern in der Zeitung las. Haben Sie schon etwas heraus gebracht? Ist es derselbe?"

* *

Auf dem ungepflasterten Marktplatz stand der Zeltbau des Wachsfigurenkabinetts, und aus den hundert kleinen zackigen Spiegeln, die auf dem Leinwandgiebel in Rosettenschrift die Worte formten:

Mohammed Daraschekohs orientalisches Panoptikum, vorgeführt von Mr. Congo-Brown

glitzerte rosa der letzte Widerschein des Abendhimmels.

Die Segeltuchwände des Zeltes, mit wilden aufregenden Szenen grell bemalt, schwankten leise und bauchten sich zuweilen wie hautüberspannte Wangen aus, wenn im Innern jemand umherhantierte und sich an sie lehnte.

Zwei Holzstufen führten zum Eingang empor und oben stand unter einem Glassturz die lebensgroße Wachsfigur eines Weibes in Flittertrikot.

Das fahle Gesicht mit den Glasaugen drehte sich langsam und sah in die Menge hinab, die sich um das Zelt drängte, — von einem zum andern; blickte dann zur Seite, als erwarte es einen heimlichen Befehl von dem dunkelhäutigen Ägypter, der an der Kassa saß, und schnellte dann mit drei zitternden Rucken in den Nacken, daß das lange schwarze Haar flog, um nach einer Weile wieder zögernd zurückzukehren, trostlos vor sich hinzustarren und die Bewegungen von neuem zu beginnen.

Von Zeit zu Zeit verdrehte die Figur plötzlich Arme und Beine wie unter einem heftigen Krampfe, warf hastig den Kopf zurück und beugte sich nach hinten, bis die Stirne die Fersen berührte.

„Der Motor dort hält das Uhrwerk in Gang, das diese scheußlichen Verrenkungen bewirkt," sagte Sinclair halblaut und wies auf die blanke Maschine an der andern Seite des Eingangs, die, in Viertakt arbeitend, ein schlapfendes Geräusch erzeugte.

„Electrissiti, Leben ja, lebendig alles ja," leierte der Ägypter oben und reichte einen bedruckten Zettel herunter. „In halb' Stunde Anfang ja."

„Halten Sie es für möglich, daß dieser Farbige etwas über den Aufenthalt des Mohammed Daraschekoh weiß?" fragte Obereit.

Melchior Kreuzer aber hörte nicht. Er war ganz in das Studium des Zettels vertieft und murmelte die Stellen, die besonders hervorstachen, herunter.

„Die magnetischen Zwillinge Vayu und Dhanándschaya (mit Gesang), was ist das? haben Sie das gestern auch gesehen?" fragte er plötzlich.

Sinclair verneinte. „Die lebendigen Darsteller sollen erst heute auftreten und — —"

„Nicht wahr, Sie kannten doch Thomas Charnoque, Lukretias Gatten, persönlich, Dr. Kreuzer?" unterbrach Sebaldus Obereit.

„Gewiß, wir waren jahrelang Freunde."

„Und fühlten Sie nicht, daß er etwas Böses mit dem Kinde vorhaben könne?"

Dr. Kreuzer schüttelte den Kopf. — „Ich sah wohl

8

eine Geisteskrankheit in seinem Wesen langsam herankommen, aber niemand konnte ahnen, daß sie so plötzlich ausbrechen würde. — Er quälte die arme Lukretia mit schrecklichen Eifersuchtsszenen, und wenn wir Freunde ihm das Grundlose seines Verdachtes vorhielten, so hörte er kaum zu. — Es war eine fixe Idee in ihm! — Dann, als das Kind kam, dachten wir, es werde besser mit ihm werden. — Es hatte auch den Anschein, als wäre dem so. — Sein Mißtrauen war aber nur noch tiefer geworden, und eines Tages erhielten wir die Schreckensbotschaft, es sei plötzlich der Wahnsinn über ihn gekommen, er habe getobt und geschrien, habe den Säugling aus der Wiege gerissen und sei auf und davon.

Und jede Nachforschung blieb vergeblich. — Irgend jemand wollte ihn noch mit Mohammed Daraschekoh zusammen auf einem Stationsbahnhof gesehen haben. — Einige Jahre später kam wohl aus Italien die Nachricht, ein Fremder namens Thomas Charnoque, den man oft in Begleitung eines kleinen Kindes und eines Orientalen gesehen, sei erhenkt gefunden worden. — Von Daraschekoh jedoch und dem Kinde keine Spur.

Und seitdem haben wir umsonst gesucht! — Deshalb kann ich auch nicht glauben, daß die Aufschrift auf diesem Jahrmarktszelt mit dem Asiaten zusammenhängt. — Andererseits wieder der merkwürdige Name Congo-Brown!? — Ich kann den Gedanken nicht los werden, Thomas Charnoque müsse ihn früher hie und da haben fallen lassen. — Mohammed Daraschekoh aber war ein Perser von vornehmer Abkunft und verfügte über ein geradezu beispielloses Wissen, wie käme der zu einem Wachsfigurenkabinett?!"

„Vielleicht war Congo-Brown sein Diener und jetzt mißbraucht er den Namen seines Herrn?" — riet Sinclair.

„Kann sein! Wir müssen der Fährte nachgehen. — Ich lasse es mir auch nicht nehmen, daß der Asiat in Thomas Charnoque die Idee, das Kind zu rauben, geschürt, sie vielleicht sogar angeregt hat. —

Lukretia haßte er grenzenlos. Aus Worten zu schließen, die sie fallen ließ, scheint es mir, als habe er sie unaufhörlich mit Anträgen verfolgt, trotzdem sie ihn verabscheute. — Es muß aber noch ein anderes viel tieferes Geheimnis dahinter stecken, das Daraschekohs Rachsucht erklären könnte! — Doch aus Lukretia ist nichts weiter herauszubekommen, und sie wird vor Aufregung fast ohnmächtig, wenn man das Gebiet auch nur flüchtig berührt.

Überhaupt war Daraschekoh der böse Dämon dieser Familie. Thomas Charnoque hatte vollständig in seinem Bann gestanden und uns oft anvertraut, er halte den Perser für den einzigen Lebenden, der in die grauenvollen Mysterien einer Art präadamitischer geheimer Kunstfertigkeit, wonach man den Menschen zu irgendwelchen unbegreiflichen Zwecken in mehrere lebende Bestandteile zerlegen könne, eingeweiht sei. Natürlich hielten wir Thomas für einen Phantasten und Daraschekoh für einen bösartigen Betrüger, aber es wollte nicht glücken, Beweise und Handhaben zu finden — — —

Doch ich glaube, die Produktion beginnt. — Zündet nicht schon der Ägypter die Flammen rings um das Zelt an?"

* * *

Die Programmnummer „Fatme, die Perle des Orients" war vorüber und die Zuschauer strömten hin und her oder sahen durch die Gucklöcher an den mit rotem Tuch bespannten Wänden in ein roh bemaltes Panorama hinein, das die Erstürmung von Delhi darstellte.

Stumm standen andere vor einem Glassarg, in dem ein sterbender Turko lag, schweratmend, die entblößte Brust von einer Kanonenkugel durchschossen, — die Wundränder brandig und bläulich.

Wenn die Wachsfigur die bleifarbenen Augenlider aufschlug, drang das Knistern der Uhrfeder leise durch den Kasten, und manche legten das Ohr an die Glaswände, um es besser hören zu können.

Der Motor am Eingang schlapfte sein Tempo und trieb ein orgelähnliches Instrument.

Eine stolpernde, atemlose Musik spielte, — mit Klängen, die, laut und dumpf zugleich, etwas Sonderbares, Aufgeweichtes hatten, als tönten sie unter Wasser.

Geruch von Wachs und schwelenden Öllampen lag im Zelt.

„Nr. 311 Obeah Wanga-Zauberschädel der Voudous," las Sinclair erklärend aus seinem Zettel und betrachtete mit Sebaldus in einer Ecke drei abgeschnittene Menschenköpfe, die unendlich wahrheitsgetreu — Mund und Augen weit aufgerissen — mit gräßlichem Ausdruck aus einem Wandkästchen starrten.

„Weißt du, daß sie gar nicht aus Wachs, sondern echt sind!" sagte Obereit erstaunt und zog eine Lupe hervor, — „ich begreife nur nicht, wie sie präpariert sein mögen. — Merkwürdig, die ganze Schnittfläche der Hälse ist mit Haut bedeckt oder überwachsen. — Und ich kann keine Naht entdecken! — Es sieht förmlich so aus, als wären sie wie Kürbisse frei gewachsen und hätten niemals auf menschlichen Schultern gesessen. — — Wenn man nur die Glasdeckel ein wenig aufheben könnte!"

„Alles Wachs ja, lebendig Wachs ja, Leichenkopf zu teuer und riechen — — phi —," sagte plötzlich hinter ihnen der Ägypter. Er hatte sich in ihre Nähe geschlichen, ohne daß sie ihn bemerkt hatten; und sein Gesicht zuckte, als unterdrücke er ein tolles Lachen.

Die beiden sahen sich erschreckt an.

„Wenn der Nigger nur nichts gehört hat; vor einer Sekunde noch sprachen wir von Daraschekoh," sagte Sinclair nach einer Weile. —

„Ob es Dr. Kreuzer wohl gelingen wird, Fatme auszufragen?! — Schlimmstenfalls müßten wir sie abends zu einer Flasche Wein einladen. Er steht immer noch draußen und spricht mit ihr."

Einen Augenblick hörte die Musik auf zu spielen, jemand schlug auf ein Gong, und hinter einem Vorhang rief eine gellende Frauenstimme:

„Vayu und Dhanándschaya, magnetische Zwillinge, 8 Jahre alt, — das größte Weltwunder. — Ssie ssingen!"

Die Menge drängte sich an das Podium, das im Hintergrunde des Zeltes stand.

Dr. Kreuzer war wieder hereingekommen und faßte Sinclairs Arm. „Ich habe die Adresse schon," flüsterte er, „der Perser lebt in Paris unter fremdem Namen, — hier ist sie."

Und er zeigte den beiden Freunden verstohlen einen kleinen Papierstreifen. „Wir müssen mit dem nächsten Zug nach Paris!"

„Vayu und Dhanándschaya — — ssie ssingen" — kreischte die Stimme wieder.

Der Vorhang schob sich zur Seite und, als Page gekleidet, ein Bündel im Arm, trat auf das Podium mit wankenden Schritten ein Geschöpf von grauenhaftem Aussehen.

Die lebendig gewordene Leiche eines Ertrunkenen in bunten Samtlappen und goldenen Tressen.

Eine Welle des Abscheus ging durch die Menge.

Das Wesen war von der Größe eines Erwachsenen, hatte aber die Züge eines Kindes. Gesicht, Arme, Beine, — der ganze Körper — selbst die Finger waren in unerklärlicher Weise aufgedunsen.

Aufgeblasen, wie dünner Kautschuk, schien das ganze Geschöpf.

Die Haut der Lippen und Hände farblos, fast durchscheinend, als wären sie mit Luft oder Wasser gefüllt, und die Augen erloschen und ohne Zeichen von Verständnis.

Ratlos starrte es umher.

„Vayu, där gressere Brudär," sagte erklärend die Frauenstimme in einem fremdartigen Dialekt; und hinter dem Vorhang, eine Geige in der Hand, trat ein Weibsbild hervor im Kostüm einer Tierbändigerin mit pelzverbrämten, roten polnischen Stiefeln.

„Vayu," sagte die Person nochmals und deutete mit dem Geigenbogen auf das Kind. Dann klappte sie ein Heft auf und las laut vor:

„Diese beiden männlichen Kindär ssind nunmehr 8 Jahre alt und das greßte Weltwunder. Sie ssind nur durch eine Nabelschnur verbunden, die 3 Ellen lang und ganz durchsichtig ist, und wenn man den einen abschneidet, mißte auch der andere sterben. Es ist das Erstaunen aller Gelehrten. Vayu, er ist weit über sein Alter. Entwickelt. Aber geistig zurückgeblieben, während Dhanándschaya von durchdringende Verstandesschärfe ist, aber so klein. Wie ein Säugling. Denn er ist ohne Haut geboren und kann nichts wachsen. Er muß aufgehoben werden in einer Tierblase mit warmem Schwammwasser. Ihre Eltern sind immer unbekannt gewesen. Es ist das greßte Naturspiel."

Sie gab Vayu ein Zeichen, worauf dieser zögernd das Bündel in seinem Arm öffnete.

Ein faustgroßer Kopf mit stechenden Augen kam zum Vorschein.

Ein Gesicht, von einem bläulichen Adernnetz überzogen, ein Säuglingsgesicht, doch greisenhaft in den Mienen und mit einem Ausdruck, so tückisch haßverzerrt und boshaft und voll so unbeschreiblicher Lasterhaftigkeit, daß die Zuschauer unwillkürlich zuzückfuhren.

„Me — me — mein Brudel D — — — D — Dhanándschaya," stammelte das aufgedunsene Geschöpf und sah wieder ratlos ins Publikum — — — — — —

„Führen Sie mich hinaus, ich glaube, ich werde — ohnmächtig — Gott im Himmel," flüsterte Melchior Kreuzer.

Sie geleiteten den Halbbewußtlosen langsam durch das Zelt an den lauernden Blicken des Ägypters vorbei.

Das Weibsbild hatte die Geige angesetzt, und sie hörten noch, wie sie ein Lied fiedelte und der Gedunsene mit halb erloschener Stimme dazu sang:

„Ich att einen Ka — me — la — den
ei — nen — bee — seln finx du nit."

— — — — — — — — — — — —

Und der Säugling — unfähig die Worte zu artikulieren — gellte mit schneidenden Tönen bloß die Vokale dazwischen:

„Iiii ha — ejheeh — hahehaa — he
eiije — hee — e jiii hu ji.“

— — — — — — — — — — —

— — — — — — — — — — —

Dr. Kreuzer stützte sich auf Sinclairs Arm und atmete heftig die frische Luft ein.

Aus dem Zelte hörte man das Klatschen der Zuschauer.

„Es ist Charnoques Gesicht!! — Diese grauenhafte Ähnlichkeit,“ stöhnte Melchior Kreuzer, — „wie ist es nur — — ich kann es nicht fassen. Mir drehte sich alles vor den Augen, ich fühlte, ich müsse ohnmächtig werden. — Sebaldus, bitte — holen Sie mir einen Wagen. — Ich will zur Behörde. — Es muß irgend etwas geschehen, und fahren Sie beide sogleich nach Paris! — Mohammed Daraschekoh — — Ihr müßt ihn auf dem Fuße verhaften lassen.“

* * *

Wiederum saßen die beiden Freunde beisammen und sahen durch die Fenster der einsamen Weinstube Melchior Kreuzer eiligen Schrittes die Straße heraufkommen.

„Es ist genau wie damals,“ sagte Sinclair, — — „wie das Schicksal manchmal mit seinen Bildern geizt!“

Man hörte das Schloß zufallen, Dr. Kreuzer trat ins Zimmer und sie schüttelten einander die Hände.

„Sie sind uns eigentlich einen langen Bericht schuldig,“ sagte endlich Sebaldus Obereit, nachdem Sinclair ausführlich geschildert, wie sie zwei volle Monate in Paris vergeblich nach dem Perser gefahndet hatten, — „Sie sandten uns immer nur so wenige Zeilen!“

„Mir ist das Schreiben bald vergangen, — beinahe auch das Reden,“ entschuldigte sich Melchior Kreuzer.

„Ich fühle mich so alt geworden seit damals. — Sich von immer neuen Rätseln umgeben zu sehen, es zermürbt einen mehr als man denkt. — Die große Menge kann gar nicht erfassen, was es für manchen Menschen bedeutet, ein ewig unlösbares Rätsel in seiner Erinnerung mitschleppen zu müssen! — Und dann, täglich die Schmerzensausbrüche der armen Lukretia mit ansehen zu müssen!

Vor kurzem starb sie, — das schrieb ich euch —, aus Gram und Leid.

Congo-Brown entsprang aus dem Untersuchungsgefängnis und die letzten Quellen, aus denen man hätte Wahrheit schöpfen können, sind versiegt.

Ich will euch später einmal ausführlich alles erzählen, bis die Zeit die Eindrücke gemildert hat, — es griffe mich jetzt noch zu sehr an."

„Ja, aber hat man denn gar keinen Anhaltspunkt gefunden?" fragte Sinclair.

„Es war ein wüstes Bild, das sich da entrollte, — Dinge, die unsere Gerichtsärzte nicht glauben konnten oder durften. — Finsterer Aberglauben, Lügengewebe, hysterischer Selbstbetrug, hieß es immer, und doch lagen manche Dinge so erschreckend klar dar.

Ich ließ damals alle kurzerhand verhaften. Congo-Brown gestand zu, die Zwillinge, — überhaupt das ganze Panoptikum von Mohammed Daraschekoh als Lohn für frühere Dienste geschenkt bekommen zu haben. — Vayu und Dhanándschaya seien ein künstlich erzeugtes Doppelgeschöpf, das der Perser vor acht Jahren aus einem einzigen Kinde (dem Kinde Thomas Charnoques) präpariert habe, ohne die Lebenstätigkeit zu vernichten. — Er habe nur verschiedene magnetische Strömungen, die jedes menschliche Wesen besitze und die man durch gewisse geheime Methoden voneinander trennen könne, — zerlegt und es dann durch Zuhilfenahme tierischer Ersatzstoffe schließlich zuwege gebracht, daß aus einem Körper — zwei mit ganz verschiedenen Bewußtseinsoberflächen und Eigenschaften geworden wären.

Überhaupt habe sich Daraschekoh auf die sonderbarsten Künste verstanden. — Auch die gewissen drei Obeah Wanga-Schädel seien nichts anderes als Überbleibsel von Experimenten, und — sie wären früher lange Zeit lebendig gewesen. — Das bestätigten auch Fatme, Congo-Browns Geliebte, und alle andern, die übrigens harmloser Natur waren.

Ferner gab Fatme an, Congo-Brown wäre epileptisch, und zur Zeit gewisser Mondphasen käme eine sonderbare Aufregung über ihn, in der er sich einbilde, selber Mohammed Daraschekoh zu sein. — In diesem Zustand stünden ihm Herz und Atem still und seine Züge veränderten sich angeblich derart, daß man glaube, Daraschekoh (den sie früher öfter in Paris gesehen) vor sich zu haben. — Aber mehr noch, er strahle dann eine solch unüberwindliche magnetische Kraft aus, daß er, ohne irgendein befehlendes Wort auszusprechen, jeden Menschen zwingen könne, ihm sofort alle die Bewegungen oder Verdrehungen nachzuahmen, die er vormache.

Es wirke wie Veitstanz ansteckend auf einen, — unwiderstehlich. Er besäße eine Gelenkigkeit sondersgleichen und beherrsche zum Beispiel alle die sonderbaren Derwischverrenkungen vollkommen, vermittelst derer man die rätselhaftesten Erscheinungen und Bewußtseinsverschiebungen hervorbringen könne — der Perser habe sie ihn selbst gelehrt —, und die so schwierig seien, daß sie kein Schlangenmensch der Welt nachzuahmen imstande sei.

Auf ihrer gemeinsamen Reise mit dem Wachsfigurenkabinett von Stadt zu Stadt sei es auch zuweilen vorgekommen, daß Congo-Brown versucht habe, diese magnetische Kraft zu verwenden, um Kinder auf solche Art zu Schlangenmenschen abzurichten. Den meisten wäre aber dabei das Rückgrat abgebrochen, bei den andern habe es wieder zu stark auf das Gehirn gewirkt und sie seien blödsinnig geworden.

Unsere Ärzte schüttelten zu Fatmes Angaben natürlich den Kopf, was aber später vorfiel, muß ihnen wohl sehr zu denken gegeben haben. — Congo-Brown entwich nämlich aus dem Verhörszimmer durch einen

Nebenraum, und der Untersuchungsrichter erzählt, gerade als er mit dem Nigger ein Protokoll aufnehmen wollte, habe ihn dieser plötzlich angestarrt und befremdliche Bewegungen mit den Armen gemacht. Von einem Verdacht ergriffen, hätte der Untersuchungsrichter um Hilfe läuten wollen, aber schon sei er in Starrkrampf verfallen, seine Zunge habe sich automatisch in einer Weise verdreht, an die er sich nicht mehr erinnern könne (— überhaupt müsse der Zustand von der Mundhöhle aus seinen Anfang genommen haben —) und dann sei er bewußtlos geworden."

„Konnte man denn gar nichts über die Art und Weise erfahren, wie Mohammed Daraschekoh das Doppelgeschöpf zustande brachte, ohne das Kind zu töten?" unterbrach Sebaldus.

Dr. Kreuzer schüttelte den Kopf. „Nein. Mir ging aber vieles durch den Kopf, was mir früher Thomas Charnoque erzählt hat.

Das Leben des Menschen ist etwas anderes, als wir denken, sagte er immer, es setzt sich aus mehreren magnetischen Strömungen zusammen, die teils innerhalb, teils außerhalb des Körpers kreisen; und unsere Gelehrten irren, wenn sie sagen, ein Mensch, dem die Haut abgezogen ist, müsse aus Mangel an Sauerstoff sterben. Das Element, das die Haut aus der Atmosphäre auszieht, sei etwas ganz anderes als Sauerstoff. — Auch saugt die Haut dieses Fluidum gar nicht an, — sie ist nur eine Art Gitter, das dazu dient, jener Strömung die Oberflächenspannung zu ermöglichen. Ungefähr so wie ein Drahtnetz — taucht man es in Seifenwasser — sich von Zwischenraum zu Zwischenraum mit Seifenblase überzieht.

Auch die seelischen Eigenschaften des Menschen erhielten ihr Gepräge je nach dem Vorherrschen der einen oder andern Strömung, sagte er. — So wäre durch das Übergewicht besonders der einen Kraft das Entstehen eines Charakters von solchen Verworfenheit denkbar, — daß es unser Fassungsvermögen übersteige."

Melchior schwieg einen Augenblick und hing seinen Gedanken nach.

„Und wenn ich mich daran erinnere, welch fürchterliche Eigenschaften der Zwerg Dhanàndschaya besaß, wodurch sich überhaupt die Quelle seines Lebens verjüngte, so finde ich in all dem nur eine entsetzliche Bestätigung dieser Theorie."

„Sie sprechen, als ob die Zwillinge tot wären, sind sie denn gestorben?" fragte Sinclair erstaunt.

„Vor einigen Tagen! — Und es ist das beste so, — die Flüssigkeit, in der der eine den größten Teil des Tages schwamm, trocknete aus, und niemand kannte ihre Zusammensetzung."

Melchior Kreuzer starrte vor sich hin und schauderte. „Da waren noch Dinge, — so grauenvoll, so namenlos entsetzlich, — ein Segen des Himmels, daß Lukretia sie nie erfuhr, daß ihr das wenigstens erspart geblieben ist! — Der bloße Anblick des fürchterlichen Doppelgeschöpfes schon warf sie zu Boden! Es war, als sei das Muttergefühl in zwei Hälften zerrissen worden. Lassen Sie mich für heute von all dem schweigen! Das Bild von Vayu und Dhanàndschaya — — es macht mich noch wahnsinnig — — —." Er brütete vor sich hin, dann sprang er plötzlich auf und schrie: „Schenkt mir Wein ein — — ich will nicht mehr daran denken. Schnell irgend etwas anderes. — Musik — irgend was — nur andere Gedanken! Musik — —!"

Und er taumelte zu einem polierten Musikautomaten, der an der Wand stand, und warf eine Münze hinein.

Tsin. Man hörte das Geldstück innen niederfallen.

Es surrte der Apparat.

Dann stiegen drei verlorene Töne auf. Einen Augenblick später klimperte laut durchs Zimmer das Lied:

„Ich hatt' einen Kameraden,
Einen bessern findst du nit."

Schöpsoglobin

I

Motto:
Dulce et decorum est
pro patria mori.

Professor Domitian Dredrebaisel, der weltberühmte Bakteriologe, habe eine wissenschaftliche Entdeckung von geradezu verblüffender Tragweite gemacht, lief das Gerücht von Mund zu Mund, von Zeitung zu Zeitung.

Ein Umgestalten des Militärwesens — gewiß wohl —, vielleicht sogar einen völligen Umsturz alles Bestehenden auf diesem Gebiete werde man zu gewärtigen haben; — warum hätte denn sonst der Kriegsminister es gar so eilig gehabt, den berühmten Gelehrten zu sich zu bescheiden? — Hm? — hieß es allgemein.

Und gar erst, als sich herausstellte, daß sich bereits an den Börsen geheime Syndikate gebildet hatten, die Entdeckung auszubeuten und Professor Dredrebaisel eine große Summe vorzustrecken, um ihm eine dringend nötige Studienreise nach — — — — Borneo zu ermöglichen, da war des Mund- und Augenaufreißens kein Ende mehr.

... „Bitt' Sie, wie kommt Borneo zum Kriegsminister," hatte gestikulierend der Herr Galizenstein, der angesehene Börsianer und Verwandte des Gelehrten gesagt, als man ihn eines Tages interviewte, — „wie kommt Borneo zum Kriegsminister!?!! Wo liegt überhaupt Borneo?"

Silbe für Silbe brachten am nächsten Tage die Zeitungen diese so sympathischen Worte des weitblickenden Finanzmannes und sie fügten noch hinzu, daß ein Experte der amerikanischen Regierung, Mr. G. R. S. Slyfox M. D. und F. R. S., soeben in Audienz bei Professor Dredrebaisel empfangen worden sei.

Natürlich steigerte sich die Neugier des Publikums bis zur Fieberhitze.

Spürnasen bestachen die Schreiber im Kriegsministerium, um Genaues über die eingereichten neuen Erfindungen usw. zu erfahren, und förderten dadurch oft ein Material zutage, das dem rastlosen Streben, das Militärwesen immer noch mehr und mehr zu vervollkommnen, wieder einmal das glänzendste Zeugnis ausstellte. — — Ganz neuartig, so urteilten Fachkreise, sei zum Beispiel eine vorgeschlagene sinnreiche Einrichtung, das Funktionieren des „Train" in Kriegs- und Manöverfällen betreffend, die es ermögliche, den bisher erzielten Erfolgsprozentsatz von Null auf das Fünffache(!!) zu erhöhen.

Geradezu hors concours jedoch, darüber waren alle einig, sei der genial erdachte Ehrenratautomat des Infanteriehauptmannes Gustav Bortdiner, eines wegen seiner ungemein eigenartigen Auffassung des Ehrenwortes bis weit über die Landesgrenzen berühmten Offizieres.

Man denke nur, ein Uhrwerk, schon von jedem Leutnant ohne Instruktion und Vorkenntnisse leicht zu handhaben, — ein Apparat — —, kurz und gut: ein maschineller Offiziersehrenkodex mit Wasserspülung — mit einem einzigen Griff nach jeder Richtung hin zu drehen, — der all das langwierige und mühselige Eindrillen und Vorschreiben der für die einzelnen Fälle wünschenswerten Ehrauffassung entfallen mache und an dessen Stelle das reinliche mechanische Getriebe setze.

Vieles, vieles dergleichen kam zutage, aber von einer Erfindung oder Entdeckung des Professors Dredrebaisel nicht eine Spur.

So hieß es denn, sich in Geduld fassen, die Dinge reifen lassen wie die Früchte des Feldes und die Resultate der Expedition in Borneo abwarten.

— — — Und Monate vergingen. — — —

Alle Gerüchte von der großen Erfindung waren längst schlafen gegangen und hatten neuen Fragen Platz gemacht, da brachte eine europäische Zeitung die Nachricht, daß Professor Dredrebaisel und mit ihm vielleicht alle seine Begleiter jämmerlich umgekommen seien, — in den knappen Worten eines Telegrammes:

13. Mai. Silindong, Distrikt Pakpak, Borneo.

(Kabelbericht unseres Berichterstatters.)

„Professor Domitian Dredrebaisel wurde gestern nachts von einer Schar Orang-Utans in seinem Wohnhause in Stücke gerissen. Viele Diener und Wärter teilten sein Schicksal. Assistent Dr. Slyfox wird vermißt. Der Schreibtisch des Gelehrten ist zertrümmert. Zahllose zerfetzte Schriften und Notizen des Forschers bedecken den Fußboden."

Das war die kurze Leichenrede, mit der eine herrliche Sache zu Grabe getragen wurde. — — —

II

Motto:

„Mit Knöpfen das Gesäß geziert, ist stolz der Zwockel sehr, und daß er nichts zu denken braucht, macht ihn noch stolzerer."

Ein Brief,

den ein gewisser Dr. Ipse drei Jahre später aus Borneo an einen Freund schrieb:

Silindong (Borneo), 1. April 1906

Mein lieber alter Freund!

Weißt Du noch, wie wir uns vor langen Jahren in Maaders „Box" das Wort gaben, einander sofort zu berichten, wenn wir auf unseren Lebenswegen auf Vorkommnisse stoßen sollten, die, weit ab von den Wegen des Trosses liegend, irgend etwas Außergewöhnliches, Geheimnisvolles — in den „Ginggang" der trivialen Ereignisse, möchte ich es nennen — nicht Hineinpassendes an sich tragen? —

Siehe, mein Lieber, da hätte ich nun heute das Glück, Dir von etwas dergleichen berichten, — Dich von Deinen alchimistischen Schmökern, oder was Du sonst zurzeit wohl durchgrübeln magst — berechtigterweise aufscheuchen zu dürfen.

Wie wird Dir da drüben in Europa zumute sein, wenn einer in dem fernen Borneo es wagt, die Axt der Erkenntnis an die Wurzeln Deiner unbegrenzten Verehrung gegenüber allem, was da heißet „Kriegerkaste", zu legen? —

Könnte ich Dich doch, wenn Du diesen Brief gelesen, ein Weilchen belauschen, ob sich nicht gar bald in Deiner Seele da die Begriffe Uniformstolz und Vaterlandsliebe voneinander lösen mögen, etwa wie die tragantene Inschrift von einem Pfefferkuchenreiter abfällt, auf den es schon zu lange geregnet hat. —

Sag, hast Du nie darüber nachgedacht, woher es wohl kommen mag, daß gebildete Leute gleichen Standes — ja sogar Friseure — einander „Kollegen" (auf deutsch soviel wie Menschen, die etwas gemeinsam lesen, studieren) nennen, während der „Zwockel"-stand — erinnerst Du Dich noch dieses famosen, phonetisch so überaus bezeichnenden Spitznamens für Offiziere? —, während der Zwockelstand sich untereinander mit „Kamerad" anredet?! (von camera = Kammer = in einer gemeinsamen Kammer schlafen, lungern).

Mir fällt da immer die gelungene Überschrift des mittelalterlichen Gelehrten van Helmont zu einem seiner Kapitel ein: „Was for Tieffsinnen und Geheimbnus in denen Worten und Austrücken lieget." — —

Doch nun kopfüber in den Strudel der Begebnisse! — —

Also rate einmal, wen ich hier kennen gelernt habe. Niemand anders, als Mr. G. R. S. Slyfox M. D.

und F. R. S., den ehemaligen Assistenten des unglücklichen Professors Dredrebaisel. Denke nur!

Hier in Silindong, in den tiefsten Urwäldern Borneos! — Mr. Slyfox ist nämlich der einzig Überlebende der damaligen Expedition und hatte sofort nach dem Tode des Professors D. D., dessen Versuche er ganz allein, und zwar von Anbeginn leitete, — in Wahrheit war Professor D. D. immer nur vorgeschobene Person, — Borneo verlassen und war nach Europa gereist, um mehreren Staaten, darunter vor allem demjenigen, der gleich anfangs ein so großes Interesse gezeigt und den wir alle so ungemein schätzen und lieben, — seine Entdeckung oder besser gesagt Erfindung in einem vervollkommneten Zustande anzubieten.

Wie dies Vorhaben ausfiel, davon später, — genug, gegenwärtig sitzt Mr. Slyfox wieder hier in Silindong — arm wie eine Kirchenmaus — und setzt seine Studien fort.

Worin denn Professor D.s, besser gesagt Mr. Slyfox' Erfindung eigentlich bestand, möchtest Du Ungeduldiger gerne wissen!

Nicht wahr? Also höre:

Jahrzehntelang hatte Mr. Slyfox sich mit Impfstatistik abgegeben und war zu der Wahrnehmung gelangt, daß in Länderstrichen, in denen der Blatternimpfstoff nicht mehr vom Menschen, sondern vom Kalbe genommen wurde, sich eine auffallende Zunahme von „Vaterlandsverteidigungstrieb“, auch da, wo nicht der geringste Anlaß vorlag, geltend machte.

Von dieser Wahrnehmung bis zu seinen späteren epochalen Versuchen war in Mr. Slyfox' Erfinderhirn nur ein Schritt.

Mit der Treffsicherheit des Amerikaners, dem nichts heilig ist, brachte er das erwähnte Symptom direkt mit dem minderwertigen Denkvermögen des Kalbes in Zusammenhang, und eine Kette von Experimenten war gegeben.

Schon die ersten Versuche mit einigen ausgewählten Exemplaren männlicher, aber chirurgisch korrigierter

Schafe — das, was wir Laien kurzweg „Schöps" nennen — schlugen glänzend ein.

Passierte der von solchen Schöpsen gewonnene Impfstoff — das sogenannte Schöpsoglobin simplex A — überdies noch die Blutbahn von ein bis zwei Faultieren, so wurde er derart wirksam, daß er, auf jugendlich unbefangene Personen übertragen, in kürzester Zeit eine Art primären, patriotischen Kollers hervorrief.

Bei erblich belasteten Individuen steigerte sich dieser Zustand in zwei Fällen sogar bis zur sogenannten unbehebbaren progressiven Patriomanie.

Welch tiefgehende Veränderung sich dabei auch im künstlerischen Innenleben des Geimpften abspielte, belegt wohl am besten der Fall, daß ein solcher Impfling, einer unserer geschätztesten berittenen Dichter, seinen neuesten Gedichtband mit den Zeilen beginnen ließ:

„S i e, Schwert an meiner Linken — äh,
Was soll I h r heitres Blinken — äh!"
Usw. usw.

Doch das nur so nebenbei.

Anfangs, das weißt Du ja, interessierte sich die Regierung sehr für die Erfindung, die unter dem Namen des Professors Dredrebaisel starten sollte, und ein Syndikat schoß die Kosten der Expedition vor.

In Silindong, in den dichtesten Urwäldern Borneos, der Heimat des Orang-Utans, wurden auch so rasch wie möglich etwa zweihundert solcher Affen eingefangen und unverzüglich mit Schöpsoglobin simplex A geimpft.

Mr. Slyfox sagte sich nämlich, daß die potenzierten Lymphprodukte, wie sie aus dem Faultier gezogen werden können, schon infolge der großen Seltenheit solcher Tiere für die Massenanwendung im Militärwesen viel zu teuer kämen.

Was nun dem Faultier angesichts seines wesentlichen Überschusses an Stupidität zugunsten der Impfstoffverstärkung anhafte, das lasse sich gewiß, so hoffte der Gelehrte, durch das überwiegend Affenartige beim Orang-Utan vorteilhaft ersetzen.

Die unheilvollen Folgen, die das Zusammensperren

9*

so vieler starker Tiere nach sich ziehen sollte, konnte natürlich niemand voraussehen.

Die Schreckensnacht, in der die Affen ihre Käfige zerbrachen und alles kurz und klein schlugen, den Professor D. D. und die malaischen Wärter töteten, hätte bei einem Haare auch Mr. Slyfox [er entrann nur wie durch ein Wunder dem Tode] das Leben gekostet.

Nach vollbrachtem Zerstörungswerk hatten die Orang-Utans tagelang eine Beratung abgehalten, deren Zweck und Ziel anfangs völlig rätselhaft erschien, später aber jenes durchdringende Licht auf die Wirkung des Schöpsoglobins und was damit zusammenhängt werfen sollte.

Von einem sicheren Verstecke aus hatte der Amerikaner genau beobachten können, wie die Affen nach schier endlosem Geschnatter aus ihrer Mitte einen Anführer wählten — und zwar jenes Exemplar, das schon während seiner Gefangenschaft als gänzlich vertrottelt allgemein aufgefallen war — und ihm sodann Goldpapier(!), das sie in einer zertrümmerten Kiste gefunden hatten, auf das Gesäß klebten.

Der Vorgang, der sich unmittelbar darauf vor den Augen des Gelehrten abspielte, war ebenfalls ganz danach angetan, höchstes Erstaunen zu erregen.

Die Orang-Utans scharten sich nämlich in Trupps, nahmen Äste und Ruten, oder was sie sonst in der Eile erwischten, über die Schulter und zogen eng aneinander geschart, während der Anführer mit wichtiger Miene ein Stück vorausschritt, aufrecht durch die Urwaldpfade.

Von Zeit zu Zeit stieß der Goldbeklebte ein schmetterndes:

Gwááh — Gwegg, Gwááh — Gwegg

aus und dann kam es über alle wie eine finstere Ekstase.

Ihr Ausdruck nahm etwas seltsam Verbiestertes an, sie warfen mit einem Ruck das Gesicht nach links und hackten beim Gehen wie die Tobsüchtigen mit den Fersen in die Erde.

Es muß ein unvergeßlicher Anblick gewesen sein. — „Augenblicke lang," das sind Mr. Slyfox' eigene Worte, „war mir, als sei ich nicht mehr im Urwalde, sondern ganz, ganz anderswo. — In irgendeiner Kaserne Europas.

Und als ich später gar mit ansah, wie die Affenschar ein widerstrebendes Exemplar festhielt und vor ihm auf einem erbeuteten Lederhutkoffer so lange einen ohrenzerreißenden Spektakel vollführte, bis auch dieser Widerspenstige von der ‚primären patriotischen Ekstase' ergriffen war, — da überwältigte mich förmlich eine Flut neuartiger Ideen.

Nie haben diese Affen ein Vorbild gehabt, sagte ich mir, und doch sind auch sie auf den Gedanken gekommen, das Gesäß mit Gold zu verzieren, — wollen dadurch den Eindruck des Kriegerischen erwecken und sind auf Institutionen verfallen, die, im Lichte wahrer Erkenntnis betrachtet, sicherlich von der Einwirkung schöpsoglobinartiger Stoffe herrühren müssen, die das Hirn umnebeln, gleichgültig nun, ob sie eingeimpft wurden, oder durch vererbte Borniertheit in ihrem Wachstum begünstigt im Körper als Eigengifte entstehen." — — — — —

Mit Absicht führe ich Dir, mein lieber alter Freund, den Ideengang des Mr. Slyfox nicht weiter aus.

Schon um Dir den raffinierten Genuß, alles selbst zu Ende denken zu dürfen, nicht vorweg zu nehmen.

Wenn mir nun etwa beifiele, zu behaupten, daß Zwockeldünkel mit wirklicher Vaterlandsliebe gar nichts zu tun hat und zum großen Teile aus dem dunkeln Wunsch entspränge, auf „Dirnengemüter" beiderlei Geschlechtes „Eindruck" zu machen, — eine Art lächerlicher Auerhahnbalz zu imitieren, — sag, müßtest Du mir da jetzt nicht recht geben?

Oder wäre es wirklich möglich, daß zwei so alte Freunde — so innig miteinander verwittert — betreffs einer so fundamentalen Wahrheit auch nur einen Augenblick zweierlei Meinung sein könnten?!

Und würde es im andern Falle nicht genügen, sich das Bildungsniveau des „Zwockelstandes" — natürlich habe ich immer — auch hier — eine ganz spezielle Großmacht im Auge — zu vergegenwärtigen?

Doch weg mit allen Betrachtungen.

Ich wollte Dir nur noch berichten, wie sich die Staaten, denen Mr. Slyfox das Schöpsoglobin anbot, verhielten.

Der eine refüsierte kurz und wollte erst die Wirkung in andern Ländern beobachten.

Der zweite Staat äußerte sich, wie üblich inoffiziell und durch eine Mittelsperson, in dem Sinne, daß die überwiegende Mehrzahl seiner Bevölkerung dank angestammter Fürstenliebe und des nachhaltigen tiefen Eindruckes frühzeitig auswendig gelernter Zitate, patriotischer Gesänge, sowie sinnreich erdachten bunten Kinderspielzeugs usw. usw. — sich sowieso schon auf dem wünschenswerten Standpunkt befände.

Ein Impfprozeß wie der vorgeschlagene, dem überdies durch das bedauerliche Hinscheiden des Herrn Professors Dredrebaisel die Garantie entzogen sei, erscheine daher noch verfrüht; — ganz abgesehen davon, daß nach Ansicht von Fachleuten durchaus nicht erwiesen sei, ob nicht auch das Schöpsoglobin nach Art anderer Toxine in einiger Zeit die Veranlassung zur Bildung sogenannter Schutzstoffe im Blute geben könne, wodurch sodann die gerade entgegengesetzte Wirkung eintreten müsse.

Im übrigen verfolge man nach wie vor die Versuche des Mr. Slyfox mit lebhaftem Interesse und werde stets usw. usw.

— — — — So sitzt nun Mr. Slyfox mit seinem Unternehmen auf dem Trockenen und muß wohl oder übel seine Impfversuche hier an allerlei Getier fortsetzen.

Und ich helfe ihm dabei.

Bleiben wider Erwarten die ganz großen Erfolge aus, so sind wir beide fest entschlossen, ein Rhinozeros einzufangen und zu impfen.

Das muß dann — daraufhin verbürgt sich Mr. Slyfox — jeden Skeptiker überzeugen.

Damit Du aber, alter Freund, nicht etwa um mein

Leben zitterst, so wollte ich Dir noch sagen, daß uns von den Affen keine Gefahr mehr droht.

Wir haben uns ebenfalls das Gesäß mit Flitter geschmückt, und wenn wir beim Herannahen der Tiere nur jede Intelligenzäußerung scharf unterdrücken, so werden wir für Offiziere gehalten und hoch geachtet und sind vollkommen sicher. Du wirst vielleicht sagen, es sei das charakterlos von mir, aber ich bitte Dich, was muß man nicht alles tun, wenn man nun schon einmal unter Orang-Utans leben muß.

Jetzt aber heißt es hastig schließen, draußen — ganz nahe schon — höre ich das schneidige

Gwááh — Gwegg; — Gwááh — Gwegg

der Vaterlandsaffen.

Herzlichst grüßt Dich daher in Eile

Dein alter Egon Ipse.

Bologneser Tränen

Sehen Sie den Hausierer dort mit dem wirren Bart? Tonio nennt man ihn. Gleich wird er zu unserem Tische kommen. Kaufen Sie ihm eine kleine Gemme ab oder ein paar Bologneser Tränen; — Sie wissen doch: diese Glastropfen, die in der Hand in winzige Splitter — wie Salz — zerspringen, wenn man das fadenförmige Ende abbricht. — Ein Spielzeug, weiter nichts. Und betrachten Sie dabei sein Gesicht, — den Ausdruck!

— — — — — — — — — — —

Nicht wahr, der Blick des Mannes hat etwas Tiefergreifendes? — Und was in der klanglosen Stimme liegt, wenn er seine Waren nennt: Bologneser Tränen, gesponnenes Frauenhaar. Nie sagt er gesponnenes Glas, immer nur Frauenhaar. — — — — — Wenn wir dann nach Hause gehen, will ich Ihnen seine Lebensgeschichte erzählen, nicht in diesem öden Wirtshaus — — — draußen am See — im Park

Eine Geschichte, die ich niemals vergessen könnte, auch wenn er nicht mein Freund gewesen wäre, den Sie hier jetzt als Hausierer sehen und der mich nicht mehr erkennt —

Ja, ja, — glauben Sie es nur, er war mir ein guter Freund, — früher, als er noch lebte, — seine Seele noch hatte, — noch nicht wahnsinnig war. — — — Warum ich ihm nicht helfe? — Da läßt sich nicht helfen. Fühlen Sie nicht, daß man einer Seele nicht helfen soll, — die blind geworden — sich auf ihre eigene, geheimnisvolle Weise wieder zum Lichte tastet, — vielleicht zu einem neuen hellern Licht? —

Und es ist nichts mehr als ein Tasten der Seele nach Erinnerung, wenn Tonio hier Bologneser Tränen feilbietet! — Sie werden dann hören. — Gehen wir jetzt fort von hier. —

* *

— — — Wie zauberhaft der See im Mondlicht schimmert!

— — — Das Schilf, da drüben am Ufer! — So nächtig — dunkel! — Und wie die Schatten der Ulmen auf der Wasserfläche schlummern — — — dort in der Bucht! — —

— — — In mancher Sommernacht saß ich auf dieser Bank, wenn der Wind flüsternd, suchend durch die Binsen strich und die plätschernden Wellen schlaftrunken an die Wurzeln der Uferbäume schlugen, — und dachte mich hinab in die zarten heimlichen Wunder des Sees, sah in der Tiefe leuchtende, glitzernde Fische, wie sie leise im Traume die rötlichen Flossen bewegen, — alte, moosgrüne Steine, ertrunkene Äste und totes Holz und schimmernde Muscheln auf weißem Kies.

Wäre es nicht besser, man läge — ein Toter — da unten auf weichen Matten von schaukelndem Tang — und hätte das Wünschen vergessen und das Träumen?! —

Doch ich wollte Ihnen von Tonio erzählen.

— — — — — — — — — — —

Wir wohnten damals alle drüben in der Stadt; — wir nannten ihn Tonio, obwohl er eigentlich anders heißt.

Von der schönen Mercedes haben Sie wohl auch nie gehört? Eine Kreolin mit rotem Haar und so hellen, seltsamen Augen.

Wie sie in die Stadt kam, weiß ich nicht mehr, — jetzt ist sie seit langem verschollen. — —

Als Tonio und ich sie kennen lernten — auf einem Feste des Orchideenklubs —, war sie die Geliebte eines jungen Russen.

Wir saßen in einer Veranda, und aus dem Saale

wehten die fernen süßen Töne eines spanischen Liedes heraus zu uns. —

— — Girlanden tropischer Orchideen von unsagbarer Pracht hingen von der Decke herab: — Cattlëya aurea, die Kaiserin dieser Blumen, die niemals sterben, — Odontoglossen und Dendrobien auf morschen Holzstücken, weiße leuchtende Loelien, wie Schmetterlinge des Paradieses. — Kaskaden tiefblauer Lykasten, — und von dem Dickicht dieser wie im Tanze verschlungenen Blüten loderte ein betäubender Duft, der mich immer wieder durchströmt, wenn ich des Bildes jener Nacht gedenke, das scharf und deutlich wie in einem magischen Spiegel vor meiner Seele steht: Mercedes auf einer Bank aus Rindenholz, die Gestalt halb verdeckt hinter einem lebenden Vorhang violetter Vandeen. — Das schmale leidenschaftliche Gesicht ganz im Schatten.

Keiner von uns sprach ein Wort. —

Wie eine Vision aus tausend und einer Nacht; mir fiel das Märchen ein von der Sultanin, die eine Ghule war und bei Vollmond zum Friedhof schlich, um auf den Gräbern vom Fleische der Toten zu essen. Und Mercedes Augen ruhten — wie forschend auf mir.

Dumpfes Erinnern wachte in mir auf, als ob mich einstmals in weiter Vergangenheit — in einem fernen fernen Leben kalte, starre Schlangenaugen so angeblickt hätten, daß ich es nie mehr vergessen konnte.

Den Kopf hatte sie vorgebeugt und die phantastischen schwarz und purpur gesprenkelten Blütenzungen eines birmesischen Bulbophyllums waren in ihrem Haar verfangen, wie um neue unerhörte Sünden ihr ins Ohr zu raunen. Damals begriff ich, wie man um solch ein Weib seine Seele geben könne. — — —

— — — Der Russe lag zu ihren Füßen. — Auch er sprach kein Wort. — —

Das Fest war fremdartig — wie die Orchideen selbst — und seltsamer Überraschungen voll. Ein Neger trat durch die Portieren und bot glitzernde Bologneser Tränen in einer Jaspisschale an. — Ich sah, wie Mercedes lächelnd dem Russen etwas sagte,

— sah, wie er eine Bologneser Träne zwischen die Lippen nahm, lange so hielt und sie dann seiner Geliebten gab.

In diesem Augenbick schnellte, losgerankt aus dem Dunkel des Blättergewirres, eine riesige Orchidee, — das Gesicht eines Dämons, mit begehrlichen durstigen Lefzen, — ohne Kinn, nur schillernde Augen und ein klaffender, bläulicher Gaumen. Und dieses furchtbare Pflanzengesicht zitterte auf seinem Stengel; wiegte sich wie in bösem Lachen, — auf Mercedes' Hände starrend. Mir stand das Herz still, als hätte meine Seele in einen Abgrund geblickt.

Glauben Sie, daß Orchideen denken können? Ich habe in jenem Augenblick gefühlt, daß sie es können, — gefühlt, wie ein Hellsehender fühlt, daß diese phantastischen Blüten über ihre Herrin frohlockten. — Und sie war eine Orchideenkönigin, diese Kreolin mit ihren sinnlichen, roten Lippen, dem leise grünlichen Hautschimmer und dem Haar von der Farbe toten Kupfers. — — — — — Nein, nein — Orchideen sind keine Blumen, — sind satanische Geschöpfe. — Wesen, die nur die Fühlhörner ihrer Gestalt uns zeigen, uns Augen, Lippen, Zungen in sinnbetörenden Farbenwirbeln vortäuschen, daß wir den scheußlichen Viperndeib nicht ahnen sollen, der sich — unsichtbar — todbringend verbirgt im Reiche der Schatten.

Trunken von dem betäubenden Duft traten wir endlich in den Saal zurück.

Der Russe rief uns ein Wort des Abschieds nach. — In Wahrheit ein Abschied, denn der Tod stand hinter ihm. — Eine Kesselexplosion — am nächsten Morgen — zerriß ihn in Atome. — — — — — —

Monate waren um, da war sein Bruder Iwan Mercedes' Geliebter, ein unzugänglicher, hochmütiger Mensch, der jeden Verkehr mied. — Beide bewohnten die Villa beim Stadttor, — abgeschieden von allen Bekannten, — und lebten nur einer wilden, wahnsinnigen Liebe.

Wer sie so gesehen, wie ich, abends in der Dämmerung durch den Park gehen, aneinandergeschmiegt, sich fast im Flüstertone unterhaltend, weltverloren — keinen Blick für die Umgebung —, der begriff, daß eine übermächtige, unserem Blute fremde Leidenschaft diese beiden Wesen zusammengeschmiedet hielt. — — —

Da — plötzlich — kam die Nachricht, daß auch Ivan verunglückt —, bei einer Ballonfahrt, die er scheinbar planlos unternommen, auf rätselhafte Weise aus der Gondel gestürzt sei.

Wir alle dachten, Mercedes werde den Schlag nicht verwinden.

— — Wenige Wochen später — im Frühjahr — fuhr sie in ihrem offenen Wagen an mir vorüber. Kein Zug in dem regungslosen Gesicht sprach von ausgestandenem Schmerze. Mir war, als ob eine ägyptische Bronzestatue, die Hände auf den Knien ruhend, den Blick in eine andere Welt gerichtet, und nicht ein lebendes Weib an mir vorbeigefahren sei. — — — Noch im Traume verfolgte mich der Eindruck: Das Steinbild des Memnon mit seiner übermenschlichen Ruhe und den leeren Augen in einer modernen Equipage in das Morgenrot fahrend, — immer weiter und weiter durch purpurleuchtende Nebel und wallenden Dunst der Sonne zu. — Die Schatten der Räder und Pferde unendlich lang — seltsam zerzogen — grauviolett, wie sie im Lichte des Frühmorgens gespenstergleich über die tauig-nassen Wege zucken.

— — — — — — — — — — —

Lange Zeit war ich dann auf Reisen und sah die Welt und manches wunderbare Bild, doch haben wenige so auf mich gewirkt. — Es gibt Farben und Formen, aus denen unsere Seele wache, lebendige Träume spinnt. — Das Tönen eines Straßengitters in der Nachtstunde unter unserm Fuß, ein Ruderschlag, eine Duftwelle, die scharfen Profile eines roten Häuserdaches, Regentropfen, die auf unsere Hände fallen, — sie sind oft die Zauberworte, die solche Bilder in unser Empfinden zurückwinken. Es liegt ein tief melancholisches Klingen wie Harfentöne in solchem Erinnerungsfühlen.

Ich kehrte heim und fand Tonio als des Russen Nachfolger bei Mercedes. — Betäubt vor Liebe, gefesselt an Herz — an Sinnen, — gefesselt an Händen, gefesselt an Füßen, — wie jener. — Ich sah und sprach Mercedes oft: dieselbe zügellose Liebe auch in ihr. — Zuweilen fühlte ich wieder ihren Blick forschend auf mir ruhn.

Wie damals in der Orchideen-Nacht.

In der Wohnung Manuels — unseres gemeinsamen Freundes — kamen wir manchmal zusammen, — Tonio und ich. Und eines Tages saß er dort am Fenster, — gebrochen. Die Züge verzerrt, wie die eines Gefolterten.

Manuel zog mich schweigend beiseite.

Es war eine merkwürdige Geschichte, die er mir hastig flüsternd erzählte: Mercedes, Satanistin, — eine Hexe —! Tonio hatte es aus Briefen und Schriften, die er bei ihr gefunden, entdeckt. Und die beiden Russen waren von ihr durch die magische Kraft der Imagination, — mit Hilfe von Bologneser Tränen, — e r m o r d e t worden. —

Ich habe das Manuskript später gelesen: Das Opfer, heißt es darin, wird zur selben Stunde in Stücke zerschmettert, wenn man die Bologneser Träne, die von ihm im Munde getragen und dann in heißer Liebe verschenkt wurde, in der Kirche beim Hochamt zerbricht.

Und Ivan und sein Bruder hatten ein so plötzliches schauerliches Ende gefunden! —

— — — Wir begriffen Tonios starre Verzweiflung. — Auch wenn am Gelingen des Zaubers nur der Zufall die Schuld getragen hätte, welcher Abgrund dämonischer Liebesempfindung lag in diesem Weibe! — Ein Empfinden, so fremd und unfaßbar, daß wir normalen Menschen mit unserer Erkenntnis wie in Triebsand versinken, wenn wir den Versuch wagen, mit Begriffen in diese schrecklichen Rätsel einer krebsigen Seele hinabzuleuchten. — —

Wir saßen damals die halbe Nacht — wir drei — und horchten, wie die alte Uhr tickend die Zeit zernagte, und ich suchte und suchte vergeblich nach Worten des Trostes in meinem Hirn — im Herzen — in der Kehle; — und Tonios Augen hingen unverwandt an meinen Lippen: er wartete auf die Lüge, die ihm noch Betäubung bringen konnte. — — — —

Wie Manuel — hinter mir — den Entschluß faßte, den Mund öffnete, um zu reden, — ich wußte es, ohne mich umzusehen. Jetzt — jetzt würde er es sagen. — — Ein Räuspern, ein Scharren mit dem Stuhl, — — — dann wieder Stille, eine ewig lange Zeit. Wir fühlten, jetzt tastet sich die Lüge durch das Zimmer, unsicher tappend an den Wänden, wie ein seelenloser Schemen ohne Kopf.

Endlich Worte — verlogene Worte — wie verdorrt: „Vielleicht — — — — — — — — — — vielleicht — — liebt sie dich anders, als — — — — — als die andern."

Totenstille. Wir saßen und hielten den Atem an: — daß nur die Lüge nicht stirbt, — — sie schwankt hin und her auf gallertenen Füßen und will fallen, — — — nur eine Sekunde noch! — —

Langsam, langsam begannen sich Tonios Züge zu verändern: Irrlicht Hoffnung!

— — — Da war die Lüge Fleisch geworden! —
— — — — — — — — — — —

— — Soll ich Ihnen noch das Ende erzählen? Mir graut, es in Worte zu kleiden. — Stehen wir auf, mir läuft ein Schauer über den Rücken, wir haben zu lange hier auf der Bank gesessen. Und die Nacht ist so kalt.

— — — Sehen Sie, das Fatum blickt auf den Menschen wie eine Schlange, — es gibt kein Entrinnen. — Tonio versank aufs neue in einen Wirbel rasender Leidenschaft zu Mercedes, er schritt an ihrer Seite, — ihr Schatten. — Sie hielt ihn umklammert mit ihrer teuflischen Liebe wie ein Polyp der Tiefsee sein Opfer.

— — — An einem Karfreitag packte das Schicksal zu: Tonio stand frühmorgens im Aprilsturm vor der Kirchentür, barhaupt, in zerrissenen Kleidern, die

Fäuste geballt, und wollte die Menge am Gottesdienste hindern. — Mercedes hatte ihm geschrieben — und er war darüber wahnsinnig geworden; — in seiner Tasche fand man ihren Brief, in dem sie ihn um eine Bologneser Träne bat. — —

Und seit jenem Karfreitag steht Tonios Geist in tiefer Nacht.

Die vorliegende Gesamtausgabe von

Gustav Meyrinks Novellen

enthält außer einigen neuen Arbeiten die Novellen der früher erschienenen Bücher

Wachsfigurenkabinett

Sonderbare Geschichten

Buchschmuck und Umschlag von André Lambert

Sechstes Tausend

Geheftet 5 Mark, in Halbfranz gebunden 7 Mark

Orchideen

Sonderbare Geschichten

Umschlag und Buchschmuck von Ign. Taschner

Zehntes Tausend

Geheftet 2.50 Mark, gebunden 4 Mark

Der heiße Soldat

und andere Geschichten

Zweiundzwanzigstes Tausend

In Pappband 1.50 Mark

Jörn Uhl und Hilligenlei

Zwei Parodien

Umschlag von O. Gulbransson, Buchschmuck von André Lambert

Zehntes Tausend — Geheftet 60 Pfennige

Diese Einzelausgaben bleiben auch weiterhin bestehen